Oetinger

Erhard Dietl, Zeichner, Autor und Liedermacher, lebt in München und im bayrischen Voralpenland. Seine zahlreichen Kinderbücher wurden mehrfach ausgezeichnet, die erfolgreiche Kinderbuchreihe »Die Olchis« erscheint weltweit in vielen Sprachen. »Ein Vater wie meiner« ist sein erstes autobiografisches Buch.

ERHARD DIETL

EIN VATER WIE MEINER

Verlag Friedrich Oetinger · Hamburg

Meine Freundin hatte Freunde und Familie in Frankfurt. Wir wollten dort Silvester feiern und lagen voller Vorfreude im Hotelbett. Am Morgen weckte mich mein Handy.

Es war meine Mutter, ich hörte sie ins Telefon weinen, gerade hatte sie vom Krankenhauspförtner erfahren, dass mein Vater in der Nacht zuvor gestorben war.

Sie hatte versucht, meinen Vater zu erreichen, aber er war nicht ans Telefon gegangen, das neben seinem Bett hing. Dann hatte sie beim Pförtner angerufen. »Es tut mir leid, Herr Dietl ist heute Nacht von uns gegangen«, hatte er ihr gesagt und meine Mutter an die Station weitergeleitet, in der mein Vater lag. Aber die diensthabende Schwester hatte meiner Mutter am Telefon auch nichts Näheres sagen wollen. Ich nahm den nächsten ICE und fuhr ohne meine Freundin zurück nach München.

»Geh gleich heute noch ins Krankenhaus«, bat mich meine Mutter. »Schau, ob du jemanden triffst, der dir was Genaueres sagen kann. Ich selber kann nicht mitkommen, dazu fehlt mir die Kraft.«

Als ich am Krankenhaus ankam, schneite es dicke Flocken und es war längst dunkel geworden. Der Pförtner gab mir den Rat, bei der Verwaltung im Erdgeschoss nach meinem verstorbenen Vater zu fragen. Aber ich fand alle Türen verschlossen, die Korridore waren menschenleer, nur draußen unter dem Vordach stand ein frierender Raucher im Bademantel. Endlich traf ich auf eine Krankenschwester.

»Momentchen«, sagte sie und tippte etwas in ihren Computer. »Ihr Herr Vater ist jetzt unten im Keller. Möchten Sie ihn vielleicht noch einmal sehen?« Sie blickte mich fragend an.

Nein, das wollte ich nicht. Ich wollte ihn so in Erinnerung behalten, wie ich ihn das letzte Mal gesehen hatte, am zweiten Weihnachtsfeiertag in seinem Krankenhausbett, als er zu mir gesagt hatte: »Kannst du mich vielleicht rasieren? Bestimmt seh ich scheußlich aus.« Der Gedanke, ihn zu rasieren, war mir nicht angenehm gewesen.

»Der Rasierer liegt im Nachttisch«, hatte er gesagt. »Ich hab keinen Spiegel und kann ja schlecht ins Bad, in meinem Zustand.«

Also hatte ich seinen Batterierasierer aus der Schublade genommen, und während ich ihn rasierte, waren seine Augen geschlossen gewesen und er hatte den Kopf genießerisch hin und her gedreht.

»Mach es ruhig gründlich«, hatte er gesagt, ohne dabei die Augen zu öffnen. »Auch da weiter unten am Hals.«

Sein stoppeliges Gesicht mit dem Rasierapparat zu berühren, hatte mich Überwindung gekostet. Ich konnte mich nicht erinnern, ihn jemals irgendwo berührt zu haben, außer an seiner Hand, die ich zur Begrüßung meist kurz drückte, zum Abschied reichte meistens ein »Servus«.

Schon immer waren wir eine berührungsfeindliche Familie gewesen. Hatte meine Mutter ihn berührt, als er da in seinem Krankenbett gelegen hatte? Hatte sie ihn tröstend gestreichelt in den schweren Stunden vor seiner Operation? Ich hoffte es, konnte es mir aber nur schwer vorstellen.

Die Nachricht von seinem Tod erschütterte mich …
Ich fragte mich, wie er hatte sterben können in dieser perfekt ausgestatteten Groß-Klinik. Angeblich war die Operation ohne Komplikationen verlaufen, er hatte bald danach schon wieder mit meiner Mutter telefoniert und war guter Dinge gewesen.

Auch die Krankenschwester konnte mir das nicht erklären. »Kommen Sie morgen wieder«, schlug sie vor. »Heute ist leider keiner mehr da, der Ihnen Auskunft geben kann.«

Sie überreichte mir eine weiße Plastiktüte mit den Habseligkeiten meines Vaters und ein Formular, worauf ich den Erhalt bestätigte.

Ohne hineinzusehen, wie eine zerbrechliche Kostbarkeit, trug ich die weiße Tüte durch die stille, menschenleere Klinik. Draußen schneite es immer noch. Auffallend ruhig war es auf den Straßen, kaum Autos, und nur wenige Leute waren unterwegs. Die Stadt schien durchzuatmen, so kurz vor dem Jahreswechsel.

Es fiel mir schwer zu begreifen, dass mein Vater nicht mehr am Leben war. Vielleicht hätte ich mir seinen toten Körper doch noch einmal ansehen sollen? Ich lief hinüber zum Parkplatz, zündete mir eine Zigarette an und schabte den Schnee von den Scheiben. Im dichten Schneetreiben fuhr ich zurück zur Theresienstraße, wo meine Mutter auf mich wartete.

Drei Stockwerke ging es hinauf zur Wohnung und beim Hineingehen warf ich einen Blick in das Zimmer meines Vaters. Diese fünfzehn oder zwanzig Quadratmeter mit ihrem muffigen, aber gemütlichen Geruch, der auch noch da war, wenn man gelüftet hatte. So viele Jahre lang hatte er hier gelebt und gearbeitet. Sein Arbeitszimmer war sein Rückzugsort gewesen, sein Entspannungsraum, seine Bücherhöhle. Ringsum hoch bis zur Decke die braunen, vollgestopften Bücherregale, die kleineren Formate und Taschenbücher standen aus Platzgründen zweireihig, die in der zweiten Reihe waren sicher längst in Vergessenheit geraten. Erst viel später entdeckte meine Mutter die leeren Schnapsflaschen, die mein Vater alle ausgetrunken und hinten in der zweiten Bücherreihe heimlich entsorgt hatte. Zwischen den Büchern lag auch ein bisschen Nippes, lieb gewonnener, verstaubter Krimskrams, seit Jahren unverändert, und nur selten war ein neues Stück dazugekommen.

Seine Bücher hatte mein Vater gehegt und gepflegt, manchmal ließ er das Fenster extra offen, damit sie auch frische Luft bekamen. »Regelmäßiges Lüften ist wichtig, das tut ihnen gut!«, hatte er gesagt und uns immer wieder versichert, dass unter seinen Büchern ganz außerordentlich wertvolle Schätze waren. In unregelmäßigen Abständen hatte er alle seine Bücher liebevoll aus den Regalen genommen, in kleinen Stapeln zum offenen Fenster getragen, den Staub von den Buchrücken geblasen und beinahe zärtlich darübergewischt mit einem weichen Staubtuch.

»Ogottogott, immer diese Bücher!«, hatte man meine Mutter oft jammern hören. »Umziehen können wir nie mehr, mit so vielen Büchern.« Und immer, wenn mein Vater ein bisschen Geld übrig hatte, kamen wieder neue Bände dazu, meistens günstig erstanden in einem Schwabinger Antiquariat.

»Diese Scheißbücher!«, schimpfte meine Mutter dann. »Er hat nur seine Scheißbücher im Kopf. Hat keinen Pfennig in der Tasche und kauft sich schon wieder einen so scheißteuren Bildband. Soll das ein Mensch verstehen? Da werd ich noch verrückt!« Aber das sagte sie nur, wenn mein Vater nicht in der Nähe war.

Auch an der Stirnseite seines Zimmers standen unter dem Fenster zwei niedrigere, schmale Bücherregale mit Taschenbüchern, auf der Ablage staubten handgroße Brocken Halbedelsteine auf kleinen Stoffdeckchen vor sich hin. Auf dem grau melierten Teppichboden lagen zwei kleinere »Perserteppiche«, die meine Mutter Stolperfallen nannte. An der Wand gegenüber waren über dem Bett zwei kleinere Wandteppiche über Eck an die Wand genagelt, denen man im Kampf gegen Motten einmal im Jahr mit Insektenspray zu Leibe rücken musste. Um beim Einsprühen auch ganz oben an die Teppiche zu kommen, musste man sich auf das Bett stellen und dabei die Luft anhalten, denn das tödliche Giftspray durfte man auf gar keinen Fall einatmen. Diesen durchaus herausfordernden Stunt vollführte immer meine Mutter, und später, als sie nicht mehr auf das Bett steigen konnte, bat sie mich darum.

Das schmale, schlichte Bett meines Vaters war heute frisch gemacht, bestimmt vorbereitet für seine Rückkehr aus dem Krankenhaus, die Überwurfdecke picobello glatt gestrichen. Er hatte sie immer seine Sigmund-Freud-Decke genannt.

Merkwürdig, wie stolz er immer auf sie gewesen ist, hatte er von Psychologie und von Therapeuten doch nie besonders viel gehalten.

Zwischen den Bücherregalen hatte ein niedriger Rollschrank Platz gefunden, darauf standen der Plattenspieler, ein Holzpferd, eine bemalte Spanschachtel und ein Keramikaschenbecher. Der Rollmechanismus funktionierte schon lange nicht mehr, der Schrank stand immer offen und gab den Blick frei auf Leitzordner und Langspielplatten.

Auch ein hellbrauner 50er-Jahre-Schreibtisch hatte hier im engen Zimmer noch Platz, darauf thronte die schwere, rote IBM-Kugelkopf-Schreibmaschine, und daneben wartete ein gutes Dutzend akkurat gespitzter Faber-Castell-Bleistifte auf ihren Einsatz. Der Schreibtischstuhl mit seinen Armlehnen war aus stabilem Holz. Früher stand da an seiner Stelle ein sogenannter Freischwinger-Stuhl aus weißem Leder, mit elegantem Chromgestänge, den ich ausgemustert und meinem Vater geschenkt hatte. Der Stuhl war jedoch unter seinem Gewicht zusammengebrochen, und mein Vater war nach hinten gesackt und mit dem Kopf gegen die Bücherwand geknallt.

»Weil er halt so fett ist«, hatte meine Mutter damals gemeint. »Ein Wunder, dass er sich nicht den Hals gebrochen hat, bei so einem Sturz.«

»Kommst du?«, hörte ich sie jetzt aus der Küche rufen. Klein und traurig saß sie am Tisch, und ich setzte mich zu ihr.

»Am Telefon muss ich das erfahren, von einem Pförtner! Stell dir vor, der Pförtner hat es schon gewusst. Wieso überhaupt? Warum weiß der so was?« Leise fing sie an zu weinen.

»Menschenskind, warum hat mich keiner angerufen? Das gehört sich doch, oder? Was denken die sich? Bin ich denen das nicht wert?«

»Nein, nein«, versuchte ich, sie zu beschwichtigen. »Sicher war es halt noch ein bisserl früh. Die hätten dich später schon noch angerufen, ganz bestimmt sogar.«

»Trotzdem ist es eine Frechheit, dass die mich nicht gleich angerufen haben, nachdem der Vater gestorben ist. Ich hab mich den ganzen Tag geärgert.«

Ich nahm die Habseligkeiten meines Vaters aus der Plastiktüte und legte sie auf die blau-weiß karierte Wachstuchdecke. Seinen Waschbeutel, den Rasierapparat, den Schlafanzug, den kleinen CD-Player mit drei Klassik-CDs, ein Buch (Goethe) und den kleinen Plastik-Weihnachtsmann, den er mit in die Klinik genommen hatte, obwohl er nur ein albernes Mitbringsel von mir gewesen war. Als Letztes nahm ich seine batteriebetriebene Armbanduhr aus der Tüte.

»Warum ist denn die Uhr voller Blut?«, fragte mich meine Mutter. Ihre tränennassen Augen schauten mich erschrocken an, aber ich wusste darauf keine Antwort.

*

»Na ja«, sagte meine Mutter, »schon traurig, dass er nicht mal am Ende ein bisserl Geld gehabt hat. Nur ein paar Schulden hat er uns hinterlassen. Aber das hat man sich ja denken können. Ist ja sein ganzes Leben lang so gegangen und nie anders gewesen bei ihm.« Mein Vater hat ihr nichts vererbt.

Aber nun gehörten ihr wenigstens die wertvollen Bücher, und das war ein kleiner Trost. Er hatte ihr ja immer wieder versichert, dass sehr seltene Erstausgaben darunter waren.

»Das sind Werte, die du dir gar nicht vorstellen kannst«, hatte mein Vater erklärt. »Jeder Antiquar würde sich die Finger danach lecken! Das sind so seltene Bände, wie man sie heutzutage gar nicht mehr findet.«

Aber noch wurden die Bücher nicht verkauft, das Zimmer meines Vaters wurde so belassen, wie es war, und jahrelang wurde nichts darin verändert.

Als meine Mutter schließlich in ein Altenheim umziehen musste, wurde die Wohnung gekündigt und sollte geräumt werden.

Bevor das Räumkommando anrückte, verschenkte meine Mutter brauchbare Dinge an Freunde und Bekannte, die wertvolleren Sachen sollte ich so schnell wie möglich verkaufen, denn sie konnte das Geld dringend gebrauchen.

»Du musst alle meine Wertsachen für mich verscherbeln«, sagte sie, als ich sie in ihrem neuen Altenheim besuchte, wo sie gerade eingezogen war. »Pass aber auf, dass du einen guten Preis dafür bekommst. Lass dich nicht übers Ohr hauen.«

An der Wand ihres Zimmers in der Theresienstraße und in der Küche hingen ihre gesammelten Hinterglasbilder und ein verwittertes, altes Kreuz aus Tirol, auf dem Bauernschrank standen unter Glasstürzen uralte Wachsfiguren und dazwischen eine goldene Kirchen-Monstranz, die ihr der Pfarrer in einem Tiroler Bergdorf geschenkt hatte.

»Meine Monstranz ist etwas ganz Besonderes«, zog sie mich ins Vertrauen. »Hierher ins Altenheim mitnehmen will ich sie auf gar keinen Fall. Hier wird mir das wertvolle Ding nur geklaut.«

Sie bestand darauf, dass ich ihr Testament öffnete, das ich bei mir zu Hause aufbewahrte.

»Ich bin zwar noch nicht tot, aber das ist jetzt ein echter Notfall. Also geh und mach mein Testament auf. Lies nach, was ich für dich aufgeschrieben habe.«

»Kannst du mir das nicht auch so sagen?«

»Nein, nein! Geh und lies mein Testament! Das regt mich alles viel zu sehr auf, ich will nicht darüber reden. Hab ja extra alles für dich aufgeschrieben, und du musst es nur lesen.«

Also nahm ich zu Hause ihren Letzten Willen aus dem Umschlag.

»... und meine goldene Monstranz ist *sehr wertvoll!*«, hatte sie geschrieben und das *sehr wertvoll!* zweimal unterstrichen. »Bitte verkaufe sie gut. Von dem Geld bezahlst du meinen Sarg und meine Beerdigung und den Flug deiner Schwester von Amerika nach München. Vom Rest kaufst du dir etwas Schönes ...«

Das klang vielversprechend. Noch am selben Tag besuchte ich sie wieder im Altenheim.

»Na, hast du mein Testament gelesen? So machst du es jetzt«, sagte sie und nannte mir auch gleich einen Antiquitätenhändler ihres Vertrauens.

Ich rief ihn an, und bereits am darauffolgenden Nachmittag erschien er in der Theresienstraße, lief neugierig durch die Wohnung und inspizierte mit Kennerblick die Antiquitäten.

»Ja mei«, hörte ich ihn seufzen, »religiöse Sachen sind halt momentan gar nicht gefragt.«

»Ach? Aber das ist alles sehr alt, oder?«

»Ja mei. Alt schon. Aber dieses Zeug will kein Mensch.«

»Wieso denn nicht? Sie wollen es gar nicht mitnehmen?«

»Nur die Bilder und das Kreuz. Und dafür geb ich sechshundert.«

»Sechshundert? Für all die schönen Bilder? Und die goldene Monstranz? Die ist aus einem Tiroler Bergdorf. Eine Rarität!«

»Ja mei. Die ist aus Messing, die brauch ich nicht.«

»Echt nicht?«

»Das Ding kauft mir doch so schnell keiner ab.«

»Oje, meine Mutter wird sehr enttäuscht sein.«

Er schnäuzte sich geräuschvoll. »Na gut, meinetwegen«, sagte er. »Weil ich Ihre Mutter kenne. Dann nehm ich die Monstranz halt mit für hundertzwanzig. Aber mehr geht nicht. Okay?«

Auch für meine Mutter war das okay. Der Antiquitätenhändler war schließlich ein Mann ihres Vertrauens, und mit Tatsachen konnte sie sich schon immer ganz gut abfinden.

»So schlimm ist das nicht«, meinte sie. »Zum Glück haben wir ja noch die vielen wertvollen Bücher. Jetzt geh und verkauf sie auch. Schau halt, dass du möglichst viel dabei rausschlagen kannst.«

Das erste Antiquariat, das ich aufsuchte, war das Lieblingsgeschäft meines Vaters gewesen. Als ich dem Antiquar von den vollen Regalen erzählte, wedelte er abwehrend mit den Händen.

»Bitte keine Bücher!«, stieß er aus. »Verschonen Sie mich! Gerade stirbt eine ganze Lesergeneration weg. Ja, was glauben Sie, unser Lager ist sowieso schon randvoll. Wo soll ich das ganze Zeug denn hintun?«

»Keine Ahnung«, sagte ich. »Aber darunter sind sicher wertvolle Erstausgaben ...«

Er verdrehte die Augen. »Trotzdem. Was wir hier wirklich am allerwenigsten brauchen, das sind Bücher. Es tut mir wirklich leid.«

Drei weitere Antiquariate suchte ich auf, keine Chance.

Leicht verzweifelt, griff ich noch einmal zum Telefon, und bereits nach dem zweiten Anruf geschah ein Wunder. Es gelang mir tatsächlich, für den nächsten Tag einen interessierten Antiquar in die Theresienstraße zu locken, der sich das Ganze zumindest einmal ansehen wollte.

Mit Kennermiene durchpflügte er die Regale, fischte hier und da einen Band heraus und legte ihn in seinen mitgebrachten Plastikkorb. Nach zwanzig Minuten war er fertig, zeigte auf den noch nicht ganz vollen Korb und sagte: »Zweihundert für die da.«

»Zweihundert? Und was ist mit den vielen anderen?«

»Den Rest können Sie vergessen.«

»Wieso denn vergessen? Die wertvollen Bücher? Wollen Sie die alle nicht?«

Er schüttelte entschieden den Kopf. »Die will kein Mensch. Das kann alles weg.«

Tags darauf kam schon der bestellte Räumdienst, zwei tätowierte Männer mit beeindruckenden Oberarmen, der Chef parkte seinen blitzblanken, schwarzen Mercedes draußen vor der Einfahrt, der große Transporter passte gerade so in den engen Hinterhof.

»Die vielen wunderbaren Bücher«, sagte ich zum Chef. »Was machen wir jetzt damit?«

»Kein Thema. Die können wir brauchen, dafür hab ich Abnehmer.«

»Na Gott sei Dank!« Ich war erleichtert. »Und was können Sie uns dafür bezahlen?«

»Zahlen?« Er lachte laut auf. »Vergessen Sie's! Seien Sie froh, wenn ich das alles kostenlos mitnehme und nicht noch extra was dafür verlange, bei so vielen Büchern.«

Die Räumung der Wohnung wollte ich mir nicht ansehen, und so machte ich ein paar Erledigungen und fuhr anschließend nach Hause.

Als ich später wieder zurückkam, war das Allermeiste bereits weggeräumt, die Möbel waren verschwunden, sogar ein paar Fußbodenbeläge waren herausgerissen worden, auch das Zimmer meines Vaters war fast leer, aber die Regale mit den Büchern standen noch da. An der Tür blieb ich stehen und sah dem Tätowierten dabei zu, wie er die Bücher in kleinen Stapeln aus dem Regal nahm und sie schwungvoll durch das offene Fenster in den Hof hinunterwarf. Ich ging zum Fenster und konnte sehen, dass da unten bereits ein großer Bücherhaufen lag, und der Kollege hatte alle Hände voll zu tun, sie aufzuheben und in den bereitgestellten Transporter zu schleudern.

*

Kurz nach der Beerdigung meines Vaters drückte mir meine Mutter eine Kassette in die Hand, die sie mit ihren Erinnerungen besprochen hatte. Sie war beschriftet mit: *»Vater, wie er war.«*

Auch hier nannte sie ihn nicht bei seinem Vornamen, nie hatte sie ihn Eduard genannt, immer nur *Vater*, *der Vater*, *der Vati*, oder *Vaddi*, *dein Vater*, *euer Vater*, *unser Vater*, *Vater unser* und in sehr seltenen Fällen liebevoll *Vatterl*.

Auf der Kassette ließ sie ihr Eheleben noch einmal Revue passieren, und ich dachte, das wäre bestimmt eine gute Methode für sie, Vaters Tod zu verarbeiten.

Ich hab etwas entdeckt beim Nachdenken, was vielleicht erzählenswert ist, aber leider, leider wieder nicht positiv. Wenn du es nicht hören willst, wirf das Band gleich weg ...
Wir haben uns kurz nach dem Krieg kennenlernt, dein Vater und ich. Er war damals ein attraktiver Mann, so groß und schlank und gescheit, und auch bei den Frauen war er ja immer sehr beliebt. Damals war er ein Diözesan-Jugendführer, und ich hab bei der Post im Fernmeldeamt gearbeitet. Sechs Jahre lang sind wir »miteinander gegangen«, bevor wir endlich geheiratet haben.
Jahrelang sind wir schon zusammen gewesen, und er hat mich nicht mal geküsst. Nie angefasst hat er mich, außer einem Händedruck. Da war ich schon vierundzwanzig. Ich hab zu ihm gesagt: »Wollen wir uns nicht endlich mal verloben, es wird doch langsam Zeit, oder? Ich möchte doch auch mal heiraten, und so kann es nicht weitergehen.«
»Na gut, wenn du meinst, dann machen wir das, du hast sicher recht«, hat er gesagt.
Wir sind zu meinem Vater gegangen, und der hat seine Heiratsgenehmigung gleich gegeben. Danach sind wir zu den Eltern von Eduard, und dort war es schon schwieriger. Nur seine Mutter war da, und Eduard hat es nicht gewagt, mit ihr über die geplante Verlobung zu sprechen. Ich hab mir ein Herz gefasst und gesagt: »Hat euch der Eduard schon erzählt, dass wir uns verloben wollen?« Einen bösen Blick hab ich geerntet.

»Der hätt aber auch eine andere gekriegt!«, war die Antwort.
»Ich auch!«, hab ich gesagt. »Ich kenn sehr nette Kollegen, die sich für mich interessieren.« Damals hat sich ja sogar ein recht bekannter Mann für mich interessiert, der war ein Sänger oder Schauspieler oder so was. Johannes Heesters hat er geheißen. Er hat ein paarmal mit mir telefoniert und hat mit mir ausgehen wollen, doch ich hab jedes Mal Nein gesagt, weil ich ja in deinen Vater so verliebt war, ich Depp … Immer hat sie bös geschaut, meine Schwiegermutter.
»Jedem Narren gefällt seine Kappe!«, hat sie gemeint.
Sie hat mich nicht gemocht, aber meine Mutter hat den Eduard auch nicht gemocht. Trotzdem haben wir uns dann verlobt, und im November haben wir geheiratet.
Bei der Hochzeitsreise sind wir mit dem Zug nach Österreich gefahren. Dort hat der Eduard Freunde gehabt, die er besuchen wollte, obwohl ich das natürlich nicht so gut gefunden hab. Meine Hochzeitsreise hab ich mir doch ein bisserl anders vorgestellt, aber so war das eben.
Schon in der ersten Nacht im Hotel hat es Ärger gegeben. Der Eduard war den ganzen Tag schon so merkwürdig reserviert gewesen, und am Abend hat er zu mir gesagt: »Morgen fahren wir wieder heim. Ich hab's mir anders überlegt.«
»Wieso anders? Was ist denn los?«, hab ich gefragt und bin sehr erschrocken.
»So eine Ehe ist nichts für mich«, hat er gemeint. »Ich glaub, das Beste ist, wir lassen uns wieder scheiden. Ich kann das alles nicht.«

Jetzt weiß ich inzwischen, dass er recht gehabt hat damals. Dass er da ein Mal ehrlich gewesen ist und mir die Wahrheit gesagt hat.
Aber natürlich hab ich das nicht glauben und auch nicht hören wollen, das war doch ganz unmöglich, dass er so was sagt, kurz nach unserer Hochzeit. Ich hab ihn gar nicht mehr verstanden und die ganze Nacht geweint.
Irgendwie haben wir die Nacht dann überstanden. Wir haben uns wieder zusammengerauft und auch die letzten Flitterwochen-Tage hinter uns gebracht.
Für mich kam eine Scheidung überhaupt nicht infrage, denn so was war ja eine Schande. Geschiedene Leute waren gebrandmarkt im katholischen Regensburg. Und als eine Geschiedene wieder einen neuen Mann finden, das war überhaupt nicht leicht.

*

»Ich war so saublöd«, hörten wir unsere Mutter manchmal sagen. »Hätt mich längst nach einem anderen umschauen sollen. Hatte ja auch ein paar Möglichkeiten, aber wir waren so streng katholisch und dementsprechend erzogen, so war das halt damals. Die jungen Frauen heutzutage machen das ganz anders. Die lassen sich so was nie im Leben gefallen. So blöd sind die nicht.«

In den 50er-Jahren wohnten wir in Regensburg ...
zu viert in einer kleinen Wohnung der Genossenschaftssiedlung »Margarethenau«. Meine Eltern, meine drei Jahre jüngere Schwester Beate und ich, später kam noch unser Rauhaardackel Nicki dazu. Den hatten wir bei einem Münchner Züchter erstanden und merkten gleich, dass er ein echter Spaßvogel war, denn kaum war er durch die Wohnungstür, sauste er zielstrebig unter den Schreibtisch meines Vaters, pinkelte, flitzte zurück in den Flur und zerfetzte einen Regenschirm. Seine Hobbys waren das Graben nach Mäusen und bayerische Blasmusik. Jedes Mal, wenn diese erklang, stand er freudig wedelnd neben dem Radio und jaulte aus voller Kehle herzzerreißend mit.

In unserer Genossenschaftssiedlung klingelten braun gebrannte Männer, mit schweren Perserteppichen über der Schulter, die aussahen, als kämen sie aus fernen Ländern, an den Haustüren. Auch Messer- und Scherenschleifer boten ihre Dienste an. Mein Großvater aber wollte ihnen keine Messer mehr anvertrauen, weil sie sie ihm einmal nicht mehr zurückgebracht hatten. Manchmal erschien ein dicker Mann mit einem Bauchladen in unserer Straße, der den Frauen Nähzeug und den Männern Zigaretten verkaufte. Ab und zu sahen wir auch kleinwüchsige Menschen, und wir Kinder konnten kaum glauben, dass es Erwachsene gab, die noch kleiner waren als wir.

Auch kriegsversehrte Geiger und Sänger musizierten manchmal in den Hinterhöfen, dann gingen die Fenster auf und die Leute warfen ihnen ein paar in Zeitungspapier gewickelte Zehnerl hinunter in den Hof. Der Kartoffelmann klingelte mit seiner lauten Glocke und schrie sein »Gadoffe! Gadoffe!«. Durch das Kellerfenster meiner Großeltern kippte ein Kohlenwagen Eierkohlen und Briketts, dass es nur so staubte. Und im Sommer, wenn es richtig heiß wurde, fuhr schon mal ein Spritzenwagen mit einem riesigen Wassertank durch die Straßen, um den Asphalt zu wässern und so für ein wenig Abkühlung zu sorgen.

An Fronleichnam weckte uns unsere Mutter schon früh am Morgen. Dann halfen wir beim Blumenteppich-Legen auf dem Lindenplatz. Viele Margarethenauer Frauen und Kinder legten in stundenlanger, mühevoller Kleinarbeit beeindruckende Muster aus Tausenden bunten Blüten auf den Asphalt.

Schön geschmückt mit kirchlichen Motiven waren die Straßen, wenn wir dann am Nachmittag auf die Fronleichnamsprozession warteten. Blumensträuße, Tücher und Fahnen sah man an den Fenstern, die Straßenschilder und -laternen waren mit grünen Zweigen dekoriert und wir dachten, dass der liebe Gott sicher seine Freude daran hatte.

Jeden Sonntagvormittag mussten wir in die Kirche zur Messe.

Dort roch es nach verbrauchter Luft und Weihrauch, der Pfarrer stand die meiste Zeit mit dem Rücken zu uns, redete unverständlich und auf Lateinisch. Die Gläubigen durften nur nüchtern zur heiligen Kommunion. Eifrige alte Frauen knieten ganz vorne, die Augen fest geschlossen, die Münder bereitwillig geöffnet, mit herausgestreckten Zungen erwarteten sie voll andächtiger Entzückung den Empfang der heiligen Hostie.

Wir Kinder langweilten uns in der Kirche und konnten es kaum erwarten, dass endlich das letzte Lied gesungen war, der Segen kam und das Amen. Zu Hause wartete ja meistens ein duftender Schweinsbraten im Ofen.

In regelmäßigen Abständen ertönten in der Margarethenau die Sirenen, um Alarm und Entwarnung zu proben. Die nächste Sirene stand gleich gegenüber auf dem Dach des Nachbarhauses und war so laut, dass wir uns die Ohren zuhalten mussten. An manchen Hausmauern sah man noch aufgemalte weiße Pfeile. »Die zeigen auf die Luftschutzkeller«, erklärte mir meine Mutter. »Dadurch hat man im Krieg nach einem Bombentreffer die Verschütteten leichter finden können.«

Auch sie und meine Großeltern hatten sich in einem Luftschutzkeller verstecken müssen, und wir Kinder fanden diese grauen, feuchten Unterschlupfe sehr gruselig.

In so einem Keller war gerade ein notdürftiger »Kindergarten« eingerichtet worden. Mein Vater fand das eine gute Sache, denn inzwischen war ich viereinhalb. Unter »Kindergarten« stellte ich mir einen schönen sonnigen Garten vor, in dem die Kinder im Gras spielten, Orangenlimo tranken und eine Menge Spaß hatten. Als mich meine Mutter an meinem ersten Tag eine steile Treppe in einen grauen, schaurigen Keller hinunterführte, erfasste mich schlagartig Panik.

»Wo ist denn der Garten?«, flüsterte ich beklommen.

»Ach, jetzt komm schon«, sagte meine Mutter, »wenn du

dich erst mal daran gewöhnt hast, wird es dir bestimmt gefallen. So schlimm wird's schon nicht werden.«

Der sogenannte Kindergarten war nichts weiter als ein schäbiger Kellerraum, in dem es leicht moderig roch. Ein paar Stühle und ein kleiner Tisch standen etwas verloren herum, in der Ecke war ein Dreirad geparkt, und drei kleine Kinder spielten mit einem Haufen bunt bemalter Holzklötze.

»Wir sind hier noch im Aufbau«, erklärte uns eine dicke, resolute Frau. Sie hieß Tante Fanni, trug eine Kittelschürze und roch nach Schweiß. Tante Fanni war hier die Aufpasserin.

Draußen schien die Sonne. Ich konnte es immer noch nicht fassen und klammerte mich verzweifelt an den Rockzipfel meiner Mutter, die meinen Kopf streichelte und sagte: »Der Vati will auch, dass du hierbleibst. Jetzt probier es doch einmal. Es wird bestimmt ganz schön hier bei der netten Tante Fanni.«

Auch die Tante Fanni lächelte mich gütig an, nahm mich mit festem Griff an der Hand und führte mich hinüber zu den Holzklötzen. »Du bist doch schon ein großer Bub. Jetzt bau mal was Schönes!«

Meine Mutter wechselte noch ein paar Worte mit ihr, ging noch einmal zu mir und streichelte mir über den Kopf. Dann war ich allein. Keine Ahnung, wie ich diesen Tag überlebt habe.

Als mich meine Mutter am Nachmittag wieder abholte, weinte ich. Und ich weinte auch am Abend noch einmal und erklärte immer wieder, dass ich nie mehr im Leben in diesen schrecklichen Kinderkeller hinuntergehen würde, lieber würde ich sterben.

»Warum stellt er sich so an?«, schimpfte mein Vater, der

gern in der dritten Person über mich sprach. »Das ist ja wohl ein Witz! Andere gehen doch auch in einen Kindergarten. Nur unser Herr Sohn denkt, er braucht da eine Extrawurst.«

Weil ich aber immer weiter weinte, durfte ich am nächsten Tag zu Hause bleiben. Meine Mutter hatte Mitleid mit mir und konnte der Tante Fanni ja schlecht ein dauernd weinendes Kind zumuten.

Nie mehr musste ich in diesen Kindergarten, aber immer mal wieder konnte ich jetzt meinen Vater sagen hören: »Pass nur auf! Wenn du nicht spurst, schick ich dich wieder zur Tante Fanni.«

*

In dieser Zeit war ich ein unruhiges Kind, konnte abends oft schlecht einschlafen. Mein Vater schickte meine Mutter mit mir zur Kinderärztin, die mir ein neues Mittel verschrieb, es hieß Contergan.

»Das wird dir helfen«, meinte meine Mutter und flößte mir nun jeden Abend vor dem Zubettgehen einen Suppenlöffel voll zähflüssigem Contergan ein. Das chemische Zeug war schön rosafarben, roch und schmeckte unangenehm süßlich, funktionierte aber prima. Kaum hatte ich den Sirup hinuntergewürgt, wurde ich auch schon müde, und mit dem Einschlafen gab es keine Probleme mehr.

Auch mein Vater war erfreut über die schnelle und zuverlässige Wirkung dieser neuen Wundermedizin. Endlich hatte er am Abend seine Ruhe.

Nach einigen Tagen bekam ich das Beruhigungsmittel bereits am Küchentisch verabreicht. »Gib ihm ruhig viel«, sagte mein Vater. »Er war heut wieder so furchtbar zappelig.«

Diesmal verabreichte mir meine Mutter gleich zwei Suppenlöffel voll, und kaum hatte ich meine Medizin geschluckt, begann sich alles um mich herum zu drehen, ich kippte zur Seite und sackte bewusstlos auf die Küchenbank.

Erschrocken las meine Mutter noch einmal den Beipackzettel und stellte fest, dass sie mir bisher immer viel zu viel eingeflößt hatte. Nur ein kleiner Kaffeelöffel voll wäre für ein Kind die richtige Dosis gewesen.

»Ich selber hab das Zeug ja auch nicht gut vertragen«, meinte sie später. »Hab es nur zwei oder drei Mal genommen, aber immer ist mir schlecht davon geworden.«

Was für ein Glück! So viele Kinder, deren Mütter während der Schwangerschaft Contergan eingenommen hatten, wurden damals mit schweren körperlichen Fehlbildungen geboren, ehe das Mittel 1961 endlich vom Markt genommen wurde.

Am Sonntag war Vater auch oft am Fußballplatz vom Jahn Regensburg. Die anderen Mütter und jungen Frauen sind draußen gestanden vor dem Stadion und haben nach dem Spiel ihre Männer abgeholt.

»Dass du ja nicht mit dem Kinderwagen da draußen stehst!«, hat dein Vater immer gesagt. »Ich will nicht, dass du mich da abholst. Und wenn du unbedingt mit mir und dem Kinderwagen spazieren fahren willst, dann nur am Abend, wenn uns keiner sieht.«

Wir sind dann doch einmal mit dem Kinderwagerl nach Dechbetten rausgefahren und über Prüfening wieder zurück. Das war eine gute Dreiviertelstunde, und ich hab das Dach vom Kinderwagen aufgemacht, damit du die gute Abendluft im Sommer kriegst, und das war schön.

Euer Vater hat auch nie eines von euch Kindern herumgetragen. Er hat euch nicht mal auf den Arm genommen. Als Beate ein halbes Jahr alt war, hab ich sie aus der Badewanne gehoben, sie war nackig und hat gelacht, und ich hab zum Eduard gesagt: »Jetzt komm, nimm sie halt auch mal auf den Arm!«
Er hat sie dann genommen, aber gleich wieder die Hände ausgestreckt und gerufen: »Uh! Nimm du sie wieder! Nimm du sie wieder!« Als wäre sie ein aus dem Nest gefallener Vogel, vor dem ihm graust.
Aber als wir dann unseren Hund gehabt haben, da hat er den schon hochgenommen. Den hat er gedrückt und getätschelt, nur seine Tochter, die konnte er nicht in den Arm nehmen. Er konnte auch nicht mit euch spielen. »Nur wenn es junge Leute sind, so mit vierzehn oder fünfzehn, dann kann ich das«, hat er gemeint. »Mit so kleinen Kindern kann ich das nicht.«
Oft ist er auch eifersüchtig gewesen auf euch Kinder. Du warst gerade mal sechs Wochen alt, wir haben im Schlafzimmer geschlafen und du hast in einer Wiege gelegen nebenan im Wohnzimmer. In der Nacht hast du fürchterlich geschrien. Ich bin zu dir, hab dich frisch gewickelt und herumgetragen, doch du hast immer noch weiter geschrien. Ich hab dich zurück in die Wiege gelegt und zu Vater gesagt: »Es nützt nichts, was soll ich machen?«
»Ein verzogener Fratz ist das!«, hat er gerufen. »Er gehört ordentlich versohlt! Das ist ja allerhand, dass der die Nachtruhe stört. Morgen muss ich aufstehen und arbeiten, was soll denn das? Da gehst du jetzt und wichst ihn ordentlich durch!«

»Ach was!«, hab ich gesagt. »Ein Kind von sechs Wochen, das kann man doch nicht hauen. Der Bub ist nicht verzogen, der ist doch noch kaum auf der Welt.« Am nächsten Tag hat die Kinderärztin dann eine Mittelohrentzündung festgestellt.

Überhaupt hat euer Vater damals schon eine sehr lockere Hand gehabt. Hat ihm bei euch Kindern etwas nicht gepasst, zack, habt ihr eine draufgekriegt, das ging ganz schnell. Schon als Zweijährigem hat er dir mit seinen Riesenpranken den Hintern versohlt.

Einmal, weil du so geschrien hast, hat es ihm doch leidgetan, und er hat dir einen Keks auf den Kinderwagen gelegt. Den Keks hast du dann runtergeschubst und den Vater den ganzen Nachmittag nicht mehr angeschaut. Am Abend hast du den Hinterbacken ganz blau gehabt und hast nicht mehr sitzen können.

*

Ich erinnere mich, dass wir an schönen Sommerwochenenden hin und wieder kleine Familienausflüge in die Umgebung unternahmen. Mein Vater machte an der Donau ein kleines Lagerfeuer und zeigte uns, wie man Knackwürste an Stecken übers Feuer hält. Wir gingen zum Schloss Prüfening oder wanderten zum Max-Schultze-Steig, und auf dem Rückweg kehrten wir ein und aßen Schweinsbraten mit Knödeln.

An manchen Sonntagen ging es auch auf die Trabrennbahn. Das Pferderennen gefiel mir sehr. Mein Vater trug kurzärmelige, weiße, bügelfreie Nylonhemden und kurze Hosen, meine Mutter ihr schönes rot geblümtes Kleid. Auf dem Rennplatz gab es für Beate und mich immer eine Limo und dünne, harte Dauerbrezeln. Die Männer tranken ihr Bier aus steinernen Maßkrügen, aus dem Lautsprecher tönte schneidige Marschmusik, und die Glocke bimmelte laut und grell, wenn sie endlich den Start der Pferde ankündigte. Dann hingen Beate und ich vorne an der hölzernen Balustrade, sahen die Pferde auf der gegenüberliegenden Seite losrasen, hörten das Donnern ihrer Hufe, wenn sie links um die Kurve kamen. Und wenn sie auf der langen Geraden an uns vorbeistoben, hielten wir uns die Ohren zu. Noch eine zweite Runde mussten die Pferde dann durchhalten, und wir konnten kaum hinsehen, wenn die Jockeys auf ihren Sulkys in der Zielgerade wild auf sie einpeitschten, um sie zum Endspurt anzutreiben. Manchmal wetteten meine Eltern auf eines der Pferde, ihr Einsatz war nie höher als zwei Mark, und wenn sie gewonnen haben, gab es noch ein Steckerleis für uns und ein Bier für den Vater.

*

Einmal schenkte mir mein Vater zum Geburtstag einen Fußball, schwarz-weiß und aus Leder, der mir recht groß und schwer vorkam, und bei Nässe wurde das Ding zu einer Kanonenkugel.

»Jeder Bub braucht einen richtigen Fußball«, erklärte er mir. »Und jetzt gehst du mit mir auf den Fußballplatz. Als Bub hab ich auch gern gespielt.«

»Willst denn nicht eine andere Hos'n anzieh'n?«, hörten wir meine Mutter rufen. »Und denk an deine guten Schuh, Vater!«

»Schmarren!«, sagte mein Vater. Wir marschierten hinüber zum nahen Fußballplatz, und er stellte sich ins Tor.

»Du kannst mir Elfmeter schießen«, sagte er.

Ich legte den Ball immer wieder auf denselben Punkt, nahm Anlauf und schoss, aber mein Vater konnte locker alles halten.

»Schieß fester!«, rief er mir zu. »Na los, du kannst ruhig viel fester schießen! Trau dich nur.«

Ich nahm zehn Meter Anlauf, knallte den Ball zur rechten unteren Ecke, mein Vater kam in eine unglückliche Grätsche, rutschte aus und landete bäuchlings im Gras.

»Jetzt schau dir mein Hemd an. Zefix noch mal!«, hörte ich ihn schimpfen. »Und die Hose ist auch ruiniert. Kruzitürken aber auch! So, ich geh. Jetzt spielst du allein weiter.«

Als er am nächsten Mittag aus der Stadt nach Hause kam, hatte er eine weiße Tüte vom Konditor dabei.

»Jetzt ratet mal, was ich hier für euch hab«, hörten wir ihn schon an der Wohnungstür trällern. Feierlich schwenkte er die Tüte über dem Esstisch, feine Gebäckstücke purzelten heraus wie aus einem Füllhorn.

»Vatterl!«, rief meine Mutter entzückt. »Aber das ist doch viel zu viel. Was das kostet!«

»Ach was! Man muss sich auch mal was gönnen«, meinte mein Vater. »Und jetzt machst du mir einen schönen Kaffee dazu.«

»Menschenskind, haben wir's nicht gut«, sagte meine Mutter.

Ein anderes Mal (war es an meinem Geburtstag?) brachte mein Vater eine weiße Schuhschachtel mit nach Hause. Oben waren Löcher reingepikst, und als ich sie aufmachte, fand ich darin eine kleine Schildkröte. Auch ein paar Salatblätter lagen darin, damit sie etwas zu fressen hatte. Wir hatten auch mal einen Hamster, der schlief allerdings tagsüber in seinem Häuschen, und nur nachts, wenn wir schon im Bett waren, wurde er aktiv. Einmal hatte er so merkwürdig dicke Backen, dass meine Mutter ihm besorgt mit den Fingern den Mund öffnete. Als sie hineingriff, zog sie einen langen Nylonstrumpf heraus. Wie unser Hamster an diesen Nylonstrumpf gekommen war, ist mir heute noch ein Rätsel. Irgendwann schaffte sich meine Mutter auch noch ein Aquarium an. Wir hatten unsere Freude an den Skalaren und Guppys, den Schwertträgern und Fensterputzern, fütterten stinkende Tubifex-Würmer und Trockenfutter, und wenn mal wieder ein Fisch gestorben war, wurde er von Beate und mir feierlich beerdigt.

*

Eines Nachmittags gingen meine Eltern mit meiner Schwester allein fort. Da ich wieder einmal nicht brav gewesen war, durfte ich nicht mitkommen, und als wäre das nicht Strafe genug, schloss mich mein Vater noch im Badezimmer ein.

»So, hier kannst du bleiben, bis wir wieder da sind«, sagte er. »Hier drinnen hast du Zeit zum Nachdenken, und genug zu trinken hast du auch. Verdursten wirst du uns also nicht.«

All meine Proteste halfen nichts. Er sperrte die Badezimmertür zu, und ich war gefangen. Ich setzte mich auf den Wannenrand und hörte draußen die Haustür ins Schloss fallen. Augenblicklich erfasste mich die allergrößte Panik. Kalter Schweiß brach mir aus. Es war so schrecklich ungerecht und gemein. Wie lange würden meine Eltern wegbleiben? Ich hatte keine Ahnung. Wusste nur, dass ich dieses Eingesperrtsein garantiert nicht überleben würde. Wild trommelte ich mit den Fäusten auf den Klodeckel. Ich brüllte und flehte aus Leibeskräften und tat alles, um auf meine verzweifelte Situation aufmerksam zu machen. Irgendjemand musste mich doch hören und aus diesem schrecklichen Badezimmergefängnis befreien. Vielleicht kam sogar die Polizei und brach die Tür auf. Meinen Vater konnten sie ruhig festnehmen, es wäre mir gerade recht, denn ich hasste ihn.

Und so war ich mit meinen Nerven bereits völlig am Ende, als nach einer gefühlten Ewigkeit endlich die Tür aufging und meine Mutter mich erlöste. »Jetzt führ dich doch nicht so auf!«, sagte sie. »Das waren doch nur zehn Minuten.« Für mich war es eine halbe Ewigkeit gewesen.

»Jetzt komm«, sagte sie. »Ich hab den Vati überredet, dass er dich doch wieder rauslässt. Das kannst du doch nicht machen, hab ich ihm gesagt. Sei aber brav jetzt, hast du gehört? Versprich, dass du dich anständig benimmst.«

Schluchzend versprach ich ihr alles, was sie hören wollte.

Manchmal denke ich, dass es da einen Zusammenhang gibt: Noch heute überkommt mich schnell ein ungutes Gefühl in engen Räumen. Aus Angst vor dem Eingesperrtsein fahre ich eher ungern in einem Lift, nie besteige ich eine Gondel, und auch Flugreisen sind manchmal eine Herausforderung.

*

Nach unserer Hochzeit haben wir bald gemerkt, dass es ziemlich aussichtslos war, eine Wohnung zu bekommen. Das Wohnungsamt hat die freien Wohnungen ja nur an Bombengeschädigte oder an Flüchtlinge vergeben. Also sind wir erst mal zu meinen Eltern gezogen. Da hat es

ein freies Zimmer gegeben, und auch das Wohnzimmer stand ja die meiste Zeit leer, das wurde nur an Feiertagen benutzt.
Meine Schwiegermutter hat natürlich gemeckert. »Na ihr, mit euren zwei Löchern da.« Dabei hab ich unsere zwei Zimmer sehr schön gefunden.
»Aber eines muss euch klar sein«, hat dann meine Mutter zu mir gesagt, »ein Kind habt ihr da herinnen bei uns nicht.«
Von Verhütung hatte ich damals ja keine Ahnung, darüber wurde nie geredet und mit dem Eduard schon zweimal nicht.
Damals hab ich ihm das Frühstück jeden Tag ans Bett gebracht. Jeden Tag einen Teller Suppe mit Haferflocken, das wollte er so. Und dazu ein paar Schinkensemmeln und eine Kanne Schwarztee. Er hat immer ganz allein gefrühstückt, und anschließend hat er sich noch mal umgedreht und hat weitergeschlafen. Sauwohl gefühlt hat er sich in seinen ersten Ehejahren, der »Herr Baron«. So haben ihn meine Eltern immer genannt.
Eines Tages verlangte es ihn nach einem Seidenmantel. Der Doktor Schleich, der ein bekannter Chemiker war, hat nämlich einen sehr schönen seidenen Hausmantel gehabt, und genau so einen wollte der Eduard auch unbedingt.
»Jetzt arbeitest du erst mal, und wenn du dir dann so einen Seidenmantel leisten kannst, dann kaufst du dir einen«, hab ich zu ihm gesagt, doch so weit ist es nie gekommen, denn das Geld für so einen Seidenmantel haben wir nie gehabt.

Oft war mein Vater am Nachmittag im Wirtshaus ... und saß mit seinen Spezln zusammen. Wenn er dann am Abend heimkam, fragte er als Erstes: »Na, wie waren sie?« Mit *sie* waren Beate und ich gemeint, und unsere Mutter musste Auskunft geben, ob wir auch »schön brav« gewesen waren oder etwas ausgefressen hatten, denn für kleinere Vergehen gab es Nachspeisenentzug, für schlimmere Zimmerarrest, und im schlimmsten Fall wurde ich »übers Knie gelegt«. Für solche Zwecke lag oben auf dem Küchenschrank ein dünner Bambusstock bereit.

»Komm her!«, rief mein Vater dann, während er mit einer feierlichen Geste den Stock vom Schrank nahm. Grob zerrte er mich zum Küchenstuhl, und wenn ich Glück hatte, durfte ich die Hose anbehalten. Breitbeinig hockte er auf dem Stuhl, verkündete die Anzahl der Schläge und drückte mir den Kopf nach unten, bis ich wehrlos über seinen Oberschenkeln hing. Der Rohrstock sauste auf mein Hinterteil, und ich hörte ihn die Schläge laut mitzählen. Ich roch seinen süßlich-sauren Vatergeruch, konnte sein erregtes Schnaufen hören, und wusste, dass ich jetzt möglichst laut wehklagen musste, denn erst wenn er mich jammern hörte, war er zufrieden.

Als ich irgendwann gemerkt hab, ich bekomme ein Kind, da hab ich einen Schreck gekriegt. Auch meiner Mutter

ist das aufgefallen, und sie hat gerufen: »Aber bei mir hier in der Wohnung werden keine Windeln ausgekocht, dass das klar ist!«
Mein Vater hat gemeint: »Jetzt kannst du gleich mal einen Ster Holz kaufen, damit du unten im Waschhaus die Windeln waschen kannst.«
Der Eduard ist nie mit dem Kinderwagen und mir spazieren gegangen. Wir haben so viele glückliche Familien mit kleinen Kindern gekannt und die sind strahlend herumgefahren mit ihren Kinderwägen.
Der Eduard ist nie mitgegangen, wenn ich den Kinderwagen geschoben habe. Nur zu seiner Mutter am Sonntag zum Mittagessen und zum Kaffee. Sie hat ja immer großen Wert darauf gelegt, dass wir zu ihr kommen. Mir hat das nicht gefallen, und trotzdem bin ich immer mitgegangen.

Mein Vater verprügelte meine kleine Schwester nicht mit dem Bambusstock, sondern mit der flachen Hand. Sie war erst zweieinhalb, als er sie eines Tages so schlimm geschlagen hat, dass unsere Mutter befürchtete, Beate könnte sich dabei eine Rippe oder noch Schlimmeres verletzt haben. Heimlich ging sie mit ihr zur Ärztin, unter dem Vorwand einer allgemeinen Gesundheitsuntersuchung, denn mein Vater durfte nichts davon mitbekommen.

»Sagen Sie Ihrem Mann, es ist gefährlich für so ein kleines Mädchen, wenn man es haut«, sagte die Ärztin, während sie den Bluterguss auf dem kleinen, malträtierten Rücken untersuchte. »So etwas führt bei Frauen später oft zu Schwierigkeiten beim Kinderkriegen und beim Verkehr mit Männern!«

Was sie ihr damit sagen wollte, kann ich heute nicht nachvollziehen, denn einen Hinweis auf sexuellen Missbrauch gab es dabei anscheinend nicht, aber so hat mir meine Mutter die Geschichte damals erzählt. »Außerdem kann es zu einem Trauma kommen«, erklärte ihr die Ärztin weiter. »Sagen Sie das Ihrem Mann unbedingt. Aber für eine Anzeige beim Jugendamt reicht es leider nicht, da müsste das Kind schon offene Wunden aufweisen.«

»Um Himmels willen, ich will meinen Mann doch nicht anzeigen«, meinte meine Mutter schnell. »Ich will doch nur einen Rat, was ich tun kann, dass er das Kind nicht mehr so haut.«

Da allerdings half ihr die Ärztin nicht weiter. Und wieso es für eine Anzeige erst offene Wunden brauchte, war meiner Mutter auch nicht klar. So jedenfalls hatte sie es mir später erzählt.

Zu Hause erfuhr mein Vater, dass die Ärztin beim Abhören den Bluterguss an Beates Rücken entdeckt und was sie dazu gesagt hatte.

Ab diesem Zeitpunkt wurde meine kleine Schwester dann auch tatsächlich nicht mehr geschlagen, nur noch Vaters spöttische Kommentare mussten wir uns anhören: »Die Madam darf man ja nicht anrühren, weil die schlaue Doktorin alles besser weiß …«

In den Fünfzigerjahren waren die Sitten allgemein rauer, und körperliche Strafen waren nichts Ungewöhnliches. Manche Lehrer gaben uns auch Anfang der Sechzigerjahre noch Backpfeifen, nein »Watschn« sagten wir dazu, zogen uns an den Ohren und Haaren, verteilten Kopfnüsse oder warfen mit

Kreide nach uns. Ein Religionslehrer war besonders gefürchtet. Er blickte uns eine ganze Weile schweigend und streng in die Augen, dann plötzlich schlug er hart und unvermittelt zu, eine »Watschn« mitten ins Gesicht.

Auch unser Turnlehrer hatte sich etwas Besonderes ausgedacht. Hatte ein Schüler einen schriftlichen Verweis bekommen, legte er diesen Zettel in die Mitte der Turnhalle und ließ uns alle im Kreis darum herumlaufen. Wir mussten den Verweis dabei im Auge behalten, keinesfalls duften wir das Gesicht abwenden, und wer es dennoch tat, der wurde mit Liegestützen bestraft.

Wenn ich zu Hause davon erzählte, sagte mein Vater nur: »Sei doch froh, früher war das noch viel schlimmer, da bekamen wir mit dem Stock Tatzen auf die Handflächen, und wenn dein Großvater etwas ausgefressen hatte, dann musste er in der Ecke auf einem Holzscheitel knien.«

Einmal hat mich meine Schwiegermutter gefragt: »Wieso wird der Eduard nur so fett? Möchte nicht wissen, was du ihm immer für einen Matsch zusammenkochst!« An Weihnachten wollte sie, dass ich ihr ein paar von meinen Plätzchen vorbeibringe.
»Ich will doch wissen, was der Eduard da bei dir für Platzerl kriegt«, hat sie gesagt und ich hab ihr ein paar zum Probieren gebracht. Doch die hat sie alle meinem Schwiegervater gegeben, und selber hat sie kein einziges angerührt.

*

Mein Vater hatte sein kleines Büro zu Hause in unserer Vierzimmerwohnung. Er arbeitete damals als freier Redakteur und brauchte dringend seine Ruhe. Kaum hatten wir Kinder die Hausaufgaben erledigt, liefen wir nach draußen, und unseren Eltern war das gerade recht.

Die Genossenschaftssiedlung Margarethenau war für uns ein kleines Paradies. Direkt daneben gab es herrlich eingewachsene Schrebergärten mit unerschöpflichen Obstvorräten, an den nahen Bahngleisen legten wir Fünfpfennigstücke auf die Schienen und ließen sie von den heranbrausenden Dampfloks platt walzen. Qualmende Ungetüme waren das, und wir versuchten, die vielen Waggons zu zählen, die da ohrenbetäubend laut an uns vorbeidonnerten, oft waren es über vierzig, und meistens Güterwaggons.

Als Cowboys durchstreiften wir die Prärien zugewucherter Grundstücke, banden uns gegenseitig an Marterpfähle und jagten mit unseren Fahrrädern durch Steppen und Gebirge. Schilder, auf denen stand: »Betreten der Baustelle verboten«, wirkten besonders einladend. Wir verschanzten uns hinter den Erdhügeln der Baustellen und bewarfen uns stundenlang und leidenschaftlich mit getrockneten Lehmklumpen. Nie passierte etwas Schlimmes dabei, unsere Schutzengel waren offenbar stets fleißig im Dienst. Nur Georg, der immer etwas tollpatschig war, musste einmal von seiner Mutter mit einer blutenden Kopfwunde ins Krankenhaus »Barmherzige Brüder« gebracht werden.

Unsere Saltos übten wir in frisch gemähten Grashaufen, wir hockten auf sommerheißen Garagendächern und spielten Fußball in den Hinterhöfen zwischen den Wäschestangen.

Unsere Klingelstreiche nannten wir »Glocken putzen« und

wenn wir in der Toreinfahrt des Nachbarhauses herumturnten, mussten wir aufpassen, dass der alte Mann vom ersten Stock nicht wieder einen Eimer Wasser auf uns herunterkippte.

Vor der Gemüsefrau mit den herausquellenden Basedowaugen gruselte es uns ein bisschen, und wenn sie nicht hersah, mopsten wir ihr schon mal eine Aprikose oder ein paar Erdbeeren.

Einige der großen, alten Miethäuser hatten weitläufige Dachböden, in denen es im Sommer nach Hitze und Holz duftete. Viele Hausfrauen hängten dort ihre Wäsche zum Trocknen an die Leine. Auf so einem Dachboden hatte mein Freund Manfred sein Luftgewehr versteckt. Damit schossen wir auf die Wäscheklammern an der Leine, aber auch durch das offene Dachlukenfenster hinaus auf die Straße. Auf einen Fahrradsattel oder auf den Briefkasten am Haus gegenüber. Auf Spatzen schießen mochte ich nicht, und ob Manfred so etwas tat, wusste ich nicht, gesehen habe ich es nicht, aber zuzutrauen war es ihm schon. Angeblich hatte ihm sein Vater sogar erlaubt, auf Spatzen zu schießen. Nur auf Tauben und andere Vögel schießen war tabu, und daran hielt sich der Manfred, denn er hörte immer auf seinen Vater.

Als in unserer Siedlung ein erster kleiner Supermarkt, der »Konsum«, aufmachte, stahl Manfred sich dort Kaugummis, und die Pfandflaschen, die hinter dem Laden in einem Gitterverschlag aufbewahrt wurden, konnte man ungesehen herausnehmen und im Laden an der Kasse wieder abgeben. Das hat Manfred schnell herausgefunden.

Eine weitere Möglichkeit, ein bisschen Geld zu verdienen,

waren die Tennisplätze ganz in der Nähe, dort konnten wir in den Sommerferien Balljungen machen. Da rannten wir dann in der Hitze schwitzend hin und her, hoben Hunderte von Tennisbällen auf und versuchten, sie den Spielern möglichst genau zuzuwerfen. Am Ende gab es als Bezahlung dann für jeden eine Mark, und durstig vom vielen Rennen, gaben wir sie für eine Limo oder ein Eis sofort wieder aus.

Meinen Vater machten Geldangelegenheiten nervös. Ums Finanzielle sorgte sich meine Mutter. Sie bearbeitete den Steuerkram, kümmerte sich um alle Einkäufe, um Miete und Versicherungen. Auch verdiente sie jetzt ein wenig dazu, hatte mit dem Schreiben von kurzen Geschichten für Kinder begonnen und konnte einige beim Bayerischen Rundfunk unterbringen, wo sie um 18:55 Uhr im sogenannten *Betthupferl* vorgelesen wurden. Das *Betthupferl* war bei Eltern sehr beliebt. Sie steckten ihre Kinder kurz vor 19 Uhr ins Bett, die Kinder hörten sich im Radio das *Betthupferl* an, und keine fünf Minuten später waren sie garantiert eingeschlafen.

*

Meine Mutter kaufte meinem Vater alle Hosen, Unterhosen, Hemden und Jacken. Er selber hatte dazu keine Lust, und in ein Kleidergeschäft hineingehen wollte er schon gar nicht. »Da werd ich doch nur dumm angeredet«, sagte er. »Wenn ich gertenschlank wie eine Tanne wär, dann wär das etwas anderes, dann würde ich da vielleicht gern hingehen.«

Auch ich bekam die Klamotten von meiner Mutter gekauft, günstig erstandene Hosen, schwarze Rollkragenpullis, billige Socken im Fünferpack, die bereits nach einmal Tragen ausgeleiert waren. Im Winter gab's Wollpullis, Fäustlinge und Pudelmützen, selbst gestrickt von Tante Frieda.

Da waren meine unverwüstlichen Lederhosen noch das Beste, die kurze für den Sommer und die lange im Winter.

Irgendwann aber war ich alt genug und brauchte naturgemäß auch eine richtige Bluejeans, eine Levi's oder eine Wrangler. Fast alle lässigen Typen in meinem Alter hatten inzwischen eine Jeans, und ich nervte meine Mutter so lange, bis sie endlich nachgab. »Aber sag dem Vater nichts, sonst regt er sich nur wieder auf«, flüsterte sie mir zu, als sie mir heimlich das Geld für so eine »Cowboyhose« zusteckte.

In dem Geschäft in der Altstadt lag so eine dunkelblaue Levi's im Schaufenster. Und ich stand eine ganze Weile draußen und musterte das Objekt der Begierde, ehe ich endlich den Laden betrat. Die Entscheidung zwischen Wrangler und Levi's fiel mir nicht leicht. Beide Hosen hatten nur Vorteile. Ich probierte, überlegte hin und her, welche wohl die bessere wäre, und entschied mich schließlich für eine steife, dunkelblaue Levi's für 28 Mark. Auch musste unbedingt noch ein passender Gürtel dazu, und den kaufte ich mir von meinem gesparten Taschengeld.

Ich gefiel mir gut in der neuen Bluejeans. Nur mein Vater hatte, wie ich feststellen musste, seine eigene Meinung dazu und einen ganz anderen Hosen-Geschmack.

»Was hast du da an?«, fragte er, als er mich sah. »So gehst du mir aber nicht aus dem Haus!«

»Aber wieso …?«

Er verzog schmerzhaft das Gesicht. »Nur Gesindel hat so was an! Und du sagst mir jetzt: Sind wir ein Gesindel?«

»Äh … nein …«

»Lauter! Ich hör nichts!«

»Nein.«

»Und das da?« Noch angewiderter zeigte er auf den schwarzen Gürtel. »Was soll das?«

»Das ist ein Gürtel. Der gehört dazu …«

»Unmöglich! So läufst du mir nicht herum. Du läufst ja herum wie der Bartl Sepp.«

Der Bartl Sepp war ein übler Bursche aus der Nachbarschaft, für meinen Vater das ultimative Beispiel totaler Verwahrlosung.

»Den ziehst du sofort wieder aus! Und die Hose auch!«

»Aber … sie hat 28 Mark gekostet.«

»28 Mark?!« Zornesrot schnappte er nach Luft. »Ich hör wohl nicht recht. Hab ich hier einen Geldscheißer?«

Endlich kam mir meine Mutter zu Hilfe: »Du musst dich nicht so aufregen, ich hab ihm das doch von meinem eigenen Geld gekauft.«

»Trotzdem!«, schrie mein Vater. »Ich will vorher gefragt werden.« Er stapfte aus dem Zimmer und schmetterte die Tür ins Schloss.

Zitternd stand ich da.

»Er meint es nicht so«, sagte meine Mutter. »Es ist halt ein bisserl knapp bei uns im Moment.«

Manchmal haben wir auch Einladungen gehabt bei Bekannten, das waren lauter belesene und gescheite Leute. Kaum waren wir danach wieder zu Hause, hat mir der Eduard eine Standpauke gehalten. Hat behauptet, ich hätte den ganzen Abend nur dummes Zeug geredet und dass ich ein bisserl aufpassen soll, denn das wären alles gebildete Leute. Und dann bin ich bald nicht mehr mitgegangen.

Ich besaß eine Handvoll Single-Schallplatten und einen kleinen Mono-Plattenspieler. Da hörte ich »Dort wo man singt und lacht, da ist Pepe«, »Charly Brown, das ist ein Clown«, und meine einzige LP hieß »Die schönste Country- und Westernmusik«.

Als ich mir endlich eine richtig aktuelle Platte kaufen wollte, stand ich vor der schwierigen Entscheidung: »Massachusetts« von den Bee Gees oder »Dear Mrs Applebee« von David Garrick? Fünf Mark für so eine Single waren viel Geld, aber eine der beiden Platten musste es werden.

Zum Glück gab es für Notfälle dieser Art meine »andere Oma«. Die konnte ich immer nach »altem Zeug« fragen, nach Raritäten und Antiquitäten, nach irgendwelchem Plunder, den sie dann jedes Mal hervorkramte und mir schenkte. Rostige Orden aus dem Ersten Weltkrieg, alte Münzen, einen Zinnbecher, einen ledernen Tabaksbeutel oder das Geweih eines Rehbocks.

Auch diesmal hatte ich Glück. Sie schenkte mir einen uralten Krug aus dunkelgrünem Glas, kunstvoll mit Zinn eingefasst, und der verzierte Klappdeckel funktionierte einwandfrei.

Ich trug das schwere Ding sofort zu einem Antiquitätenhändler in der Altstadt, und der bot mir fünf Mark dafür.

Das kam mir wenig vor, denn natürlich hatte ich mir mehr erhofft, aber es reichte immerhin genau für eine Single. Also war ich einverstanden. Mit den fünf Mark in der Tasche lief ich glücklich hinüber zum Kaufhaus und kaufte die Bee Gees.

»Was ist das für eine Musik?«, knurrte mein Vater, als er am Abend »Massachusetts« aus meinem Zimmer schallen hörte. »Wo hast du die Platte her?«

Nun musste ich ihm von dem Krug erzählen, den die Oma mir geschenkt hatte, und von den fünf Mark, die ich dafür bekommen hatte.

»Fünf Mark?«, schrie mein Vater. »Nur fünf Mark hast du bekommen? Was für eine Unverschämtheit, einen jungen Buben so übers Ohr zu hauen! Und du? Bist du nicht gescheiter? Das war ein wertvoller Krug. Hat mein Herr Sohn überhaupt kein Hirn in seinem Kopf?« Und dann schimpfte er auch noch über meine Oma, die mir diesen wertvollen Krug so unbedacht überlassen hatte. Überhaupt gefiel es ihm nicht, dass mir die Oma heimlich Sachen schenkte.

Dabei hatte er keine Ahnung, dass sie mir jeden Sonntag, auch in seiner Gegenwart, heimlich eine Münze in die Hand drückte, wenn wir uns von ihr verabschiedeten.

Die Freude an den Bee Gees war nun ein bisschen getrübt, denn auch ich ahnte ja schon längst, dass man mich über den Tisch gezogen hatte.

Gleich am nächsten Tag lief mein Vater in die Stadt, um sich den Händler vorzuknüpfen und den Krug zurückzuholen.

Als er wiederkam, erzählte er uns, dass er den Krug für 85 Mark im Schaufenster gesehen hatte.

»Der Typ ist ein ganz unverschämter Mensch«, schimpfte er. »Er hat sich erst dumm gestellt und wollte Beweise von mir. Dann hat er sich stur geweigert, mir den Krug zurückzugeben.«

»Ach nein?«, seufzte meine Mutter. »Einen Vierzehnjährigen übers Ohr zu hauen, was für eine Unverschämtheit.«

»Aber was soll's«, sagte mein Vater. »Ich bin dann gegangen. Bei so einem endet das nur vor Gericht, und dazu hab ich wirklich keine Lust, das ist die Sache auch wieder nicht wert.«

»Na, du hast es wenigstens versucht, Vatterl«, sagte meine Mutter.

»Ja, dem hab ich ganz gehörig den Marsch geblasen. Dem hab ich meine Meinung gesagt, das kannst du mir glauben. Und mit meiner Mutter werd ich demnächst auch noch ein Hühnchen rupfen, so geht das nicht weiter!«

»Ja, Vatterl, mach das, es wird höchste Zeit, dass du mit deiner Mutter redest«, sagte meine Mutter. »Wie die den Buben verwöhnt. Und wie sie immer umgeht mit ihren Sachen. Uns rückt sie nie was raus, aber dem Erhard schenkt sie so wertvolles Zeug, als wär das gar nichts. Ich versteh das nicht.«

Ich hörte mir das alles an, war mir aber ziemlich sicher, dass mein Vater dem Verkäufer niemals einen Marsch geblasen hatte. Ich hatte das Gefühl, dass er wahrscheinlich nicht mal hineingegangen ist in den Laden.

An Sonntagnachmittagen fuhren wir mit der Straßenbahn … zu den Eltern meines Vaters, »den anderen Großeltern«. Bis zu seinem Schlaganfall war mein »anderer Opa« ein Kunstschlosser gewesen, und danach hatte er in einem Leder-Laden gearbeitet. Meine »andere Oma« war früher »ein Dienstmädchen bei reichen Leuten« gewesen. Seit Langem schon pflegte sie nun den Opa und betreute den historischen Schützenverein »Zum großen Stahl«.

Noch immer wohnten die Großeltern in dem alten Haus am Stahlzwingerweg, in dem mein Vater aufgewachsen war. Heute noch kann man über dem Eingang lesen:

Armbrustschützengesellschaft
»Zum großen Stahl«
Regensburg 1531

Es ist ein historisches Haus mit der ältesten Armbrustschießanlage Bayerns. Ein paar Stufen führen hinunter ins tiefer gelegene Erdgeschoss, zu dem großen Schützenraum mit seinen eichenholzgetäfelten Wänden und den dicken, fest montierten Eichenhockern. Mit der Armbrust oder mit Pfeil und Bogen wurde von diesen Hockern aus in den Garten hinausgeschossen, auf große, strohgeflochtene Zielscheiben. An den Wänden hingen alte, bemalte Schützenscheiben aus

Holz, Erinnerungen an gute Treffer, und alte Armbrüste, die so schwer waren, dass ich sie nicht hochheben konnte.

Eine steile, leicht gewundene Holztreppe führte hinauf in den ersten Stock. Gleich links war der »Schützensaal«, ein Versammlungsraum, in dem meine Oma die Mitglieder des Schützenvereins bewirtete. Besonders wenn Feste gefeiert wurden und an Weihnachten gab es viel zu tun. Dann kam ihre Schwester angereist, die Tante Frieda aus Süßenbach, um kräftig mitzuhelfen.

Lange Tische standen im Schützensaal und ein altes Klavier. Darauf durfte ich stundenlang herumklimpern, wenn wir am Sonntag zu Besuch waren und die Erwachsenen nebenan im Wohnzimmer ihren Kaffee tranken.

Im ganzen Haus müffelte es nach Feuchtigkeit und kaltem Rauch. Nur im Wohnzimmer meiner Großeltern roch es nicht feucht, und sicher auch nicht im Schlafzimmer, das direkt an das Wohnzimmer angrenzte. Aber in all den Jahren durften wir es nicht ein einziges Mal betreten, ja nicht mal einen Blick hineinwerfen durften wir, und ich wusste nie, wie es darin aussah.

Draußen am Wohnzimmerfenster waren fast immer kleine Vögel zu Besuch, die sich über die aufgehängten Meisenknödel und das Futter hermachten. Der Blick aus dem Fenster fiel in einen großen, eingewachsenen Klostergarten, der zum nahen Nonnenkloster gehörte.

Der Flur vor der Küche führte zum Schützensaal, auf der linken Flurseite gab es ein Männer- und ein Frauenklo. Im Männerklo roch es nach Urin, denn hier pinkelte man einfach und unkompliziert gegen ein Blech an der Wand.

»Du musst nicht aufs Klo von den Saubären«, sagte meine

Oma, die mir immer wohlgesonnen war. »Du darfst ausnahmsweise immer das Damenklo benutzen.«

Das Fleisch und die Würste für ihre »Saubären« bewahrte sie in einem uralten, hölzernen Eisschrank auf, der unten im engen Eingangsbereich stand. Er wurde mit großen, stangenförmigen Eisbrocken gekühlt, die regelmäßig angeliefert werden mussten.

Omas Küche war geräumig, aber hell und ungemütlich. In ihrem Kohlenherd verheizte sie auch alle ihre wunderbaren Schellack-Schallplatten, und freute sich, weil sie unerwartet gut brannten. Mein Vater war *not amused*, als er davon erfuhr. Besonders um die seltenen und wertvollen Caruso-Aufnahmen war es doch wirklich schade. Aber für solche kulturellen Feinheiten hatte meine »andere Oma« keinen Sinn. Dafür weckte sie wunderbares saures Gemüse ein, und ihren selbst gemachten Senf konnte man mit dem Löffel essen.

Mein »anderer Opa« konnte wegen seines Schlaganfalls kaum mehr gehen, und wenn er zu sprechen versuchte, hörte man nur noch ein Lallen. Sein rechter Daumenballen war dick angeschwollen, und es gruselte uns, wenn wir ihm zur Begrüßung die Hand geben mussten.

Immer wenn den Opa etwas anrührte, fing er an zu weinen.

»Wie war dein Zeugnis?«, fragte mich die Oma.

»Nur Einser und Zweier«, schummelte ich.

»Was bist du für ein gescheiter Bub!«, lobte mich die Oma. »Ganz wie dein Vater, der hat auch immer so gute Noten gehabt, gell, Eduard?«

»Non scholae, sed vitae discimus«, antwortete mein Vater altklug, und schon begann der Opa wieder zu weinen.

»Woan doch ned scho wieder«, grummelte die Oma dann, und mein Opa stand mühsam auf, schlurfte nach nebenan in die Küche und zündete sich eine Zigarette an.

»Du sollst doch ned raucha, hat der Doktor gsagt«, schimpfte die Oma, und sofort weinte der Opa wieder.

Natürlich musste der Opa rauchen. Welche Freuden hatte er sonst noch im Leben? Ich ärgerte mich über meine Oma, die ihm dieses letzte kleine Vergnügen auch noch verwehren wollte.

Auch unser Rauhaardackel besuchte die »andere Oma« gern, denn hier warteten immer feine Sachen auf ihn. Wenn meine Eltern für einen Moment nicht aufpassten, lockte Oma den gefräßigen Nicki in ihre Küche und mästete ihn mit Regensburgern und Wiener Würsteln. Naturgemäß war unser Hund ein guter Esser, da stand er meinem Vater in nichts nach, und in Windeseile fraß er alles in sich hinein, was ihm die Oma hinunterwarf. Sie hatte größtes Mitleid mit ihm, da wir ihn zu Hause scheinbar zu schlecht fütterten und er deshalb immer einen so großen Hunger hatte bei ihr.

Nur wenn Nicki die vielen Würstel hinterher wieder erbrach, dann war es der Oma doch ein wenig unangenehm.

»Komisch«, sagte sie dann. »Ich hab ihm doch nur ein kleines Bröckerl gegeben. Vielleicht hat er heut einen schlechten Magen? Kriegt er bei euch daheim auch das richtige Futter?«

Obwohl meine Mutter ihr diese heimlichen Futterorgien streng verbot, war die Oma nur schwer davon abzuhalten. Uns bewirtete sie regelmäßig mit Kuchen und Tortenstücken, die sie in der Konditorei besorgt hatte. Nach zwei fetten Stücken Bienenstich bot sie mir garantiert noch ein drittes an.

»Aber du hast ja noch kaum was gegessen«, feuerte sie mich dann an. »Iss doch was, du bist doch ein gesunder Bub.«

Kaum waren wir Kinder mit unseren Torten fertig, bekamen wir noch einen großen Teller voller Mettwurstbrote und Essiggurken in die Hand gedrückt.

»So, jetzt braucht ihr noch was Saures. Sagt Bescheid, wenn es nicht reicht«, ermunterte uns die Oma.

Gut ausgerüstet, setzten wir uns in die Sessel vor dem Fernseher und schauten uns zusammen mit dem Opa die Abenteuer von Fury oder Lassie an. Zu Hause hatten wir noch keinen Fernseher, und den kleinen Schwarz-Weiß-Fernseher der »anderen« Großeltern empfanden wir als großes Glück.

Wir spülten unsere Mettwurstbrote mit Zitronenlimo hinunter, und immer, wenn es im Film wieder mal ein bisschen traurig zuging, hörten wir den Opa weinen. Wir waren unangenehm berührt, wenn unser Opa weinte, und wussten nicht recht, wie wir ihn trösten sollten. Also taten wir so, als hörten wir ihn nicht.

Nur die Oma hörten wir dann manchmal vom Esstisch herüberrufen: »Jetzt woan doch ned scho wieder, Dietl!« Und dass sie ihn hin und wieder Dietl nannte und nie bei seinem Vornamen Franz, das war uns gleich doppelt unangenehm.

Die Oma selber hat nie mit uns gegessen. In Gesellschaft anderer aß sie grundsätzlich nichts. Alle wussten das und hatten sich längst daran gewöhnt.

Frau Nauschiz war eine der wenigen, die das nicht wussten. Als meine Oma eines Nachmittags bei ihr zum Kaffee eingeladen war, bekam sie einen Vanillepudding serviert.

»Stellt euch vor«, erzählte uns die Oma anschließend. »Da serviert mir die Nauschiz doch glatt einen Pudding. Also nein, so was! Ich spinn doch nicht und ess bei ihr einen Pudding.« Die Oma war arg in Bedrängnis geraten. Was konnte sie tun?

Das Klingeln des Telefons rettete sie.

Als ihre Gastgeberin in den Flur hinauslief, ergriff die Oma ihre Chance. Blitzschnell löffelte sie den Pudding in eine Papierserviette und ließ ihn in ihrer Manteltasche verschwinden.

Als Frau Nauschiz zurück ins Zimmer kam, lächelte die Oma auf ihren leeren Teller. »Gut war er, Ihr Pudding, wirklich sehr gut.«

Später erklärte sie uns: »Ich hab mir gedacht, lieber geb ich den Mantel in die Reinigung, als dass ich der Nauschiz ihren blöden Pudding ess.«

Der Opa ist ins Krankenhaus gekommen. Er hat seinen zweiten Schlaganfall gehabt und hat nicht mehr reden können. Die Bettnachbarn haben gesagt, dass er überhaupt nichts essen kann, weil er ja gelähmt ist. Man bringt ihm sein Essen, und nach einer halben Stunde nehmen sie es wieder weg, weil er ja nicht sagen kann, dass er nichts essen kann. Sie denken, er mag nur nicht oder was weiß ich, sie tragen es eben einfach wieder fort.

Ich hab gesagt: »Mensch, da müsste man mal mit dem Doktor reden.« Dann sind wir aber drauf gekommen, dass es das Beste ist, wenn ich ihm jetzt jeden Tag etwas Gutes koch. Und mein Vater, der alte Mann, hat es ihm dann immer hinüber ins Krankenhaus getragen und ihn gefüttert. Ich weiß nicht, über wie viele Wochen.

Ich hab da immer gute Rindsuppen gemacht, damit er

was Kräftiges bekommt, oder ich hab ein Gemüs durchpassiert, dass er es schlucken kann. Jeden Tag ist mein Vater hinüber ins Krankenhaus gegangen und hat den Opa gefüttert.

Eduard hat ihn kaum oder nie besucht. Ich weiß nicht, warum, er hat einfach keine Lust gehabt, in so ein Krankenhaus zu gehen. Ich hab den Opa auch mit Beate öfters besucht, die war damals noch ziemlich klein, und er sich immer gefreut, wenn er sie gesehen hat.

*

Mein Vater hatte keinen Führerschein. Nur ein einziges Mal hatte er sich in einer Fahrschule angemeldet und versuchsweise ein paar Stunden genommen. Der Fahrlehrer war jedoch »ein fürchterlicher Idiot« gewesen, und somit hatte mein Vater die ganze Sache abgebrochen und die Idee mit dem Autofahren ein für alle Mal aufgegeben.

Er war kein Mann für die praktischen Dinge, trotzdem hatte er Spaß daran, kaputte Wecker oder Rasierapparate zu »reparieren«, auch Telefone und Föhne waren nicht vor ihm sicher. Hatte er es geschafft, seinen Föhn aufzubekommen, fummelte er kurz mit dem Schraubenzieher darin herum, schraubte das Ding wieder zusammen und warf es in den Mülleimer. Neue Sachen zerlegte er ebenfalls gern, um einen Blick in ihr Innenleben zu werfen, denn er war nun mal ein neugieriger Mensch.

In seltenen Fällen versuchte er, einen Nagel in die Wand zu schlagen oder einen Dübel zu setzen. Sein ungeschicktes Hantieren mit der Schlagbohrmaschine war gefürchtet, denn dabei kam es regelmäßig zu verzweifelten Wutausbrüchen.

Einmal hat er mir beim Fensterputzen zugesehen. Ich hab gesagt, die Streifen da, die bring ich einfach nicht weg, die kommen immer wieder. Am nächsten Tag hat Vater ein großes Fensterputzgerät gekauft, so eines, wie es die Profis haben, die immer die großen Schaufenster reinigen. Er hat zu mir gesagt, da schau her, das tolle Gerät, damit hast jetzt keine Streifen mehr.
Ich hab erklärt, so was hab ich schon mal probiert, damit hab ich's überhaupt nicht gekonnt, das hat gar nicht gut funktioniert.
Ja was, hat der Vater gesagt, du brauchst jetzt nie mehr Fenster putzen, jetzt werd immer ich die Fenster putzen, und zwar mit diesem Apparat da, das ist doch überhaupt kein Problem.
Ich hab gesagt, ja wunderbar, dann kannst du gleich damit anfangen.
Nach vielen Tagen erst, als die Fenster schon so richtig schmutzig waren, da hat er sie dann zu putzen versucht. Aber hat solche Streifen und solche Schlieren dringehabt, dass ich gesagt hab, das ist jetzt aber auch nicht besser als bei mir.
Er hat den ganzen Krempel mit einer Wut in die Ecke geschmissen, hat sich frisch umgezogen und bis zum Abend das Haus verlassen.
Nie mehr hat er danach ein Fenster geputzt, und ich hab wieder meinen Lumpen genommen.

»Pass nur auf, gleich gibt es ein Donnerwetter« ... war nicht nur so ein Spruch von meinem Vater. Tatsächlich geriet ich regelmäßig schwer in die Bredouille, wenn ich zum Beispiel mal wieder schlechte Schulnoten mit nach Hause brachte. Deshalb machte ich schon mal aus einem Fünfer einen Dreier und aus einem Vierer einen Zweier. Erst die Zeugnistage brachten die traurige Wahrheit dann ans Licht.

Einige Jahre lang drückte ich auf demselben humanistischen Gymnasium die Schulbank, auf dem auch mein Vater schon gewesen war. Meinen Lateinlehrer kannte er noch, ebenso den Deutschlehrer. Aber den traumatisierten Physiklehrer, der uns im Unterricht so gern von seinen Kriegserfahrungen erzählte, kannte er nicht. Von ihm lernten wir unter anderem, wie es sich anfühlt, wenn man unter einem Lastwagen liegt, der von feindlichen Maschinengewehren beschossen wird.

An Zeugnistagen flüchtete ich nach der Schule erst mal zu meinen Großeltern, den Eltern meiner Mutter, die glücklicherweise ganz in der Nähe, in der Ulmenstraße, wohnten.

Bei ihnen war ich den Nachmittag über in Sicherheit, musste aber doch die ganze Zeit ans Heimgehen denken, an den Zorn meines Vaters, wenn er den unvermeidlichen Blick auf mein Zeugnis werfen würde, in dem mal wieder ein paar Fünfer standen und das Vorrücken mal wieder gefährdet war.

Wenn sich mein Vater so aufregen musste wegen mir, dann bekam er vielleicht wieder sein Herzstechen, und wenn er deswegen eines Tages tot umfallen würde, wäre ich mit schuld daran, und das wollte ich trotz allem nicht.

Auch wenn mir mein Vater manchmal unerträglich vorkam, wenn ich ihn mir weit weg wünschte, oder gar in die ewigen Jagdgründe, so spürte ich doch, dass ich ihn immer noch lieb hatte. Ich wollte immer noch glauben, dass er in seinem Innersten ein richtig gutes Herz hatte, das sich nur nicht richtig entfalten konnte. In ihm war kein Platz für uns Kinder, weil er so sehr beschäftigt war mit vielen wichtigeren Dingen. Vergeblich versuchten meine Schwester und ich, ihm zu gefallen. Vergeblich warteten wir auf ein Zeichen der Zuneigung, eine liebevolle Geste oder freundliche Worte. Wie alle Kinder hätten wir gern einen verständnisvollen, geduldigen Vater gehabt, einen, der uns auch mal an die Hand nahm, so wie es unser Großvater immer tat. Dass er uns einmal in den Arm nehmen würde, darauf hofften wir schon lange nicht mehr. Das war inzwischen eine fast befremdliche Vorstellung.

Allerdings fürchteten wir uns vor seiner Unbeherrschtheit, seiner Empfindlichkeit und den plötzlichen Wutanfällen, die wie aus heiterem Himmel über uns hereinbrechen konnten.

»Den Eduard muss man eben mit Samthandschuhen anfassen«, sagte meine Oma. Und da hatte sie bestimmt nicht unrecht.

Ich stellte mir vor, wie es wäre, wenn mein Vater eines Tages nicht mehr zurückkäme von einem seiner Ausflüge. Wenn er einfach verschwinden würde. Oder gar sterben. Dann könnte unsere Mutter einen wirklich guten Mann heiraten, das hätte sie verdient, und für meine Schwester und mich wäre es bestimmt auch wunderbar.

Doch ich erschrak über meine Gedanken und traute mich nicht einmal, sie dem Pfarrer zu beichten.

»Das sagen wir dem Vati lieber nicht«, hörte ich meine Mutter oft sagen. »Sonst regt er sich wieder auf und kriegt sein Herzstechen. Ich mach mir schon oft Sorgen um ihn.«

Doch mein Vater war nie krank, sein Herzstechen war nicht mehr als eine Drohung.

Es gab aber auch die schönen Momente, in denen mein Vater gut gelaunt war, dann erzählte ich ihm gern einen Witz, den ich mir extra für ihn gemerkt hatte, und freute mich, wenn er drüber lachen musste. Meine Witze gefielen ihm weit besser als die Scherzwatte in seinem Aschenbecher, die zu einer kurzen Stichflamme aufloderte, sobald sie mit Zigarettenglut in Berührung kam. Auch die lustigen, dünnen Zündplättchen, die ich vorne in seine Stuyvesants steckte, damit sie mit einem Knall explodierten, wenn er sich seine Zigarette anzündete, waren seine Sache nicht. Dummerweise waren die glühenden Tabakkrümel einem Redaktionskollegen um die Ohren geflogen, und der hatte das nicht witzig gefunden.

Solche lustigen Scherze konnte man sich im Schreibwarenladen »Hinker und Dorfmüller« besorgen. Auch Furzkissen und mit Senf gefüllte Faschingskrapfen gab es dort, ebenso Juckpulver, Knallerbsen und Stinkbomben, diese kleinen Fläschchen aus dünnem Glas, die ganz leicht zerbrachen und den wundervollen Gestank von faulen Eiern verströmten.

Meine Großeltern wohnten in der Ulmenstraße …

Das war zum Glück nicht weit von uns entfernt. Ihre Wohnung in einem alten Mietshaus war im Erdgeschoss und wenn im Sommer das Fenster offen stand, konnte ich auf ein Mauersims klettern und direkt in die Küche springen.

»Jesses na, Burle!«, rief meine Oma dann jedes Mal in ihrem breitem Schwäbisch. »Du erschrecksch mi no zu Dod.«

Bei den Großeltern waren Beate und ich immer willkommen. Sie hatten Verständnis für unsere kleinen Wünsche und Probleme, ihre Küche war unser zweites Zuhause, und mein Vater ließ sich so gut wie nie hier blicken.

Gleich neben der Eingangstür hingen ein Bild von Papst Johannes, ein Weihwasserkessel und Dürers betende Hände. Auf dem kleinen Röhrenradio in der Wohnküche stand eine Sammelbüchse für die armen Kinder in Afrika, und an der Wand hingen schwarze Scherenschnitte mit Märchenmotiven.

Der alte Herd in der Wohnküche wurde mit Holz befeuert, und ich durfte dem Opa helfen, wenn er Holz und Kohlen aus dem Keller hochschleppte. Auch der hohe Kessel im Bad wurde mit Holz geheizt, und es dauerte eine Ewigkeit, bis das Wasser warm war. Als Klopapier diente seit dem Krieg gewohnheitsgemäß ein kleiner Packen Zeitungspapier, das der Opa passend zurechtgeschnitten hatte.

Aus dem Wasserhahn in der Küche kam nur kaltes Wasser,

und am Waschbecken stand ein Glas mit Opas Gebiss. Er wusch sich mit einer rauen, dunkelgrauen Seife, die nach Schwefel stank, und meine Oma bearbeitete ihre schwarzen, langen Haare mit einer Brennschere, die sie vorher im Herdfeuer heiß machte.

Stundenlang saßen Beate und ich auf dem Küchensofa mit der hohen Rückenlehne und den gemütlichen, breiten Armlehnen. Dann aßen wir Omas Mischbrot, das dick mit Rama-Margarine bestrichen war. Daheim gab es nur Butter, und so eine Margarine schmeckte uns nur bei der Oma. Sogar die harten Brotkanten, die »Scherzl«, kauten wir gern bei der Oma, denn sie hatte uns versprochen, dass man von so steinhartem Brot am Ende starke Zähne bekam.

Davon merkte ich allerdings nichts, im Gegenteil. Von Zahnpflege hielten wir anscheinend nicht wirklich viel, und das Zähneputzen erledigte ich einmal am Tag in rekordverdächtigen zehn Sekunden. Oft waren Löcher in meinen Backenzähnen, und vor Zahnschmerzen lag ich nachts stundenlang wach. Dann quälte mich unser Zahnarzt Doktor Mack ohne Betäubung mit seinem elenden, viel zu langsamen Bohrer, bis mir die Tränen kamen. Ja, das mit den Zähnen war ein Elend. Zum Zahnarzt musste ich auch immer allein gehen, und jedes Mal war es eine Mutprobe. Zweimal zog mir Doktor Mack sogar einen meiner zweiten Backenzähne, ohne Rücksprache mit meinen Eltern, die sich anschließend schrecklich darüber aufregten, aber mich doch immer wieder allein zu ihm schickten. Und als beim Eishockeyspielen in einer zugefrorenen Pfütze auch noch ein halber Schneidezahn im Eis stecken blieb, hatte ich vorne eine verwegene Zahnlücke.

Unser Opa hatte gar keine Zähne mehr, und das fand ich sehr praktisch. Sein Gebiss reinigte er einfach in einem blauen Plastikbecher. Er hatte alle Zeit der Welt, spielte mit uns »Spitz pass auf« und »Mensch ärgere dich nicht«. Als ich noch klein war, ließ er sich von mir geduldig die langen, weißen Haare kämmen, die tollsten Frisuren habe ich an ihm ausprobiert, nur abschneiden durfte ich sie nicht.

Bald war ich alt genug, und er brachte mir das Kartenspielen bei, das »Watten« und das »Schafkopfen«.

Hin und wieder erlaubten mir die Großeltern, das »Pfarrergewand« und das »Kirchenspielzeug« aus der großen Schachtel zu holen. Das waren ein kleines Gebetbuch, zwei Kerzenständer, ein Weihrauchfass, ein Altarkreuz und zwei Altarbilder mit winziger, kaum lesbarer lateinischer Schrift. Das alles silbern und in Miniaturgröße, keine zehn Zentimeter hoch. Dazu gehörten ein schwarzer Priesterhut und eine blau-goldene Stola.

Mein Onkel Albert, der Bruder meiner Mutter, war Pfarrer und brachte manchmal echte kirchliche Hostien mit heim.

Die waren in sehr große Oblatenscheiben geprägt, und man musste sie erst mal herausbrechen. Da sie noch nicht »geweiht« und somit noch keine richtigen Hostien waren, durften wir sie zum Spielen verwenden.

Mit meiner Kirchen-Ausrüstung zog ich hinüber ins großelterliche Wohnzimmer, machte eine Nische im dunklen Nussbaum-Buffet zum Altar, las in meinem kleinen Gebetbuch und betete für bessere Schulnoten und gegen das Herzstechen meines Vaters.

Beate durfte Ministrantin sein und mit einem kleinen Glöckchen zu meiner »heiligen Messe« klingeln. Leider durfte ich ihr nie die Beichte abnehmen, was mich fuchste, denn es hätte mich schon interessiert, was sie so alles auf dem Kerbholz hatte.

Mit dem Beichten kannte ich mich aus. Ich ging selber alle paar Wochen zur Beichte in die Kirche und beichtete dort immer ein paar meiner Standardsünden: »Ich bin faul gewesen, fünfmal« (das war grob geschätzt). »Ich habe mit meiner Schwester gestritten, viermal« (was untertrieben war).

Aufs Beichten konnte man sich mit dem sogenannten Beichtspiegel vorbereiten, einer Gedächtnisstütze für den vergesslichen Sünder, einem kleinen Faltblatt, worauf alle infrage kommenden Sünden aufgelistet waren.

Das sechste Gebot gehörte zu den sogenannten Todsünden. Es hieß: *Du sollst nicht unkeusch sein.*

Ich wusste nicht, was damit gemeint war, und kam nach längerem Nachdenken zu der Erkenntnis, dass es sich eventuell um das Herumpopeln zwischen den nackten Zehen handeln konnte. Vor dem Schlafengehen fummelte ich manchmal in diesen Zwischenräumen herum, und diese intime Handlung konnte man vielleicht als »unkeusch« bezeichnen. Auf jeden Fall war es eine Geschichte, die ich dem Pfarrer erzählen konnte. Ich wollte ihm nicht immer nur das Gleiche beichten, da ich dachte, dass im Beichtspiegel nichts ausgelassen werden durfte und alle aufgeführten Sünden einmal abgebeichtet werden mussten, also auch das 6. Gebot.

So saß ich dann eines Tages im Beichtstuhl und gestand dem Pfarrer mit klopfendem Herzen: »Ich bin unkeusch gewesen. Ungefähr neunmal.«

»So, so, so«, hörte ich den Pfarrer hinter dem dunklen Holzgitter murmeln. In sich gekehrt, saß er da, leicht zusammengesunken, mit geschlossenen Augen. Ich hoffte, dass mein Teil des Beichtstuhls dunkel genug war und er mich nicht erkennen konnte.

»Und *wie* bist unkeusch gewesen?«, hörte ich ihn flüstern, und noch immer hatte er die Augen geschlossen. »Kannst du mir das vielleicht beschreiben, mein Sohn?«

Ich überlegte fieberhaft, was ich ihm antworten sollte. Auch dass er mich seinen Sohn nannte, irritierte mich.

Doch er half mir auf die Sprünge. »War es in Gedanken oder waren es Taten?«

»Taten«, hörte ich mich sagen. Jetzt öffnete er die Augen und richtete sich ein wenig auf. »Und wo hast du es getan?«

»Im Bett.«

»Vor Gott musst du dich nicht schämen, mein Sohn. Du musst ganz ehrlich sein. Du kannst dich mir anvertrauen. Ich bin ein Vertreter Gottes. Das weißt du doch?«

»Ja.«

»Also, mit wem hast du es getan? Magst du mir das erzählen?«

»Wie?«

»War es ein Mädchen? Oder war es vielleicht ein Junge?«

»Nein, nein.«

»So, so. Dann war es also ein Erwachsener?«

»Auch nicht.«

»Na, mit wem hast du es denn dann getan, hm?«

Ich erstarrte. »Nur mit mir allein.«

»Aha. So, so. Du hast dich also angefasst. Und wo genau hast du dich angefasst? Magst du mir das noch sagen?«

»An den Zehen«, flüsterte ich so leise, dass er es kaum hören konnte.

Erleichtert war ich, als ich zur Buße nur drei »Vaterunser« und zwei »Gegrüßet seist du Maria« beten sollte. Ja, alles nicht schlimm, das Katholische war schon praktisch. Die Sache war erledigt, und ich konnte befreit nach Hause radeln.

Nur um meinen Vater machte ich mir noch Sorgen und fürchtete um sein Seelenheil, wenn er nicht auch endlich einmal zum Beichten ging.

*

Kaum konnte ich es erwarten, bis mein Opa endlich seine schwarzen Schnürschuhe zugebunden hatte und ich mit ihm hinüber zum Schrebergarten durfte. Es war in der Anlage der größte Garten, ringsum gut eingewachsen und versteckt inmitten der anderen Kleingärten. Hier gab es jede Menge Stachelbeer- und Johannisbeersträucher, Obstbäume mit herrlich duftenden Kornäpfeln, Birnen, Zwetschgen, Mirabellen und Kirschen.

Mein Opa erntete grüne Bohnen, gelbe Rüben und Erdbeeren, und an heißen Tagen goss er alles mit einem Schlauch und einer schweren, grauen Metallgießkanne.

In der Mitte dieses kleinen Paradieses gab es ein kleines Rasenstück, wo wir unsere alten Schnur-Hängematten aufspannen durften. Wir feierten »indianische Erntefeste« und errichteten in einer Gartenecke aus Stangen und Brettern unser Lager. Auch wenn der Opa nicht da war, spielten wir mit unseren Freunden im Garten, unsere Mutter kam nur selten hierher, und mein Vater ließ sich sowieso nie blicken.

Kiloweise futterten wir die gelben Kornäpfel, perforierten mit Pfeil und Bogen das alte Gartenhaus und schossen mit selbst geschnitzten Schleudern, den »Zwisteln«, Steine über die Hausdächer, hinüber zur Ulmenstraße. War so ein Stein weit über das Dach geflogen, begann ich zu beten, dass er da drüben auf der anderen Seite niemanden getroffen und ihm vielleicht den Schädel zertrümmert hatte.

Das Schwimmen brachte uns unsere Mutter an der »Schillerwiese« bei, dem alten Flussbad an der Donau. Sie war zwar selber keine gute Schwimmerin, zeigte uns aber geduldig alle notwendigen Schwimmzüge und Tricks. Im Gegensatz zu uns Kindern, denen ein Sonnenbrand schon mal die Haut vom Rücken schälte, mied meine Mutter die Sonne. Man kannte sie nur käsig weiß, und am liebsten trug sie ihren gehäkelten, roten Badeanzug, für den ich mich schämte, weil ihre dicklichen weißen Oberschenkel darin so stark zur Geltung kamen.

Ich kannte ja auch andere Mütter, deren Sportlichkeit ich bewunderte, die schicke, modische Badeanzüge trugen, die braun gebrannt waren und sich ihre Nägel rot lackierten.

Meine Mutter tat so etwas nicht. Sie gab uns schwarze, aufgepumpte Autoschläuche, die wir als Schwimmringe benutzen konnten, und damit ließen wir uns den kalten Fluss hinuntertreiben. Das Wasser machte uns eine Gänsehaut, und die Strömung war so stark, dass man, versuchte man stehen zu bleiben, sofort vorwärtsgerissen wurde.

Mein Vater ging nie mit uns zur Schillerwiese, das kam für ihn nicht infrage, er blieb zu Hause und arbeitete, denn zu arbeiten hatte er immer etwas. Für mich war das allerdings nur ein Vorwand, ich war mir sicher, dass er gar nicht schwimmen konnte und sich bestimmt schämte, weil er zu dick war und sich nicht auch noch in einer Badehose zeigen wollte.

»Als Bub bin ich gern und viel geschwommen«, erklärte er mir, aber ich glaubte ihm kein Wort und dachte, dass er sich nur mal wieder als kerniger Bursche aufspielen wollte. »Auch im Herbst sind wir noch in die eiskalte Donau hinein, und danach haben wir uns einfach von der Sonne trocknen lassen. An so was wie ein Handtuch haben wir im Traum nicht gedacht.«

Mein Vater mochte es gar nicht, dass ich in der gefährlichen Donau herumschwamm. Er meinte dabei nicht das öffentliche Bad an der Schillerwiese, sondern die Stelle an der Brücke, wo die Naab in die Donau fließt. Dort trieben wir uns in den Sommerferien gern herum. Wir lagen stundenlang im hohen Ufergras, und die spannenden Strudel, die angeblich schon manchen wackeren Schwimmer ins Verderben gerissen hatten, zogen uns magisch an.

Wir fanden es nicht wirklich gefährlich, man konnte sich ja schließlich an den Brückenpfeilern festhalten, aber nur Georg und Manfred waren mutig genug, trotz der starken Strömung zum anderen Ufer zu kraulen.

Hier unten an der Donau waren wir ungestört, verdösten lange Nachmittage am Ufer, hörten Musik aus dem Kofferradio und übten das Zigarettenrauchen. Wenn wir Glück hatten, war Helga dabei, ein fröhliches Mädchen mit kastanienbraunem Haar, das sich gern küssen ließ. Harmlose Probeküsse waren das, Helga hatte Spaß dran, und für uns war das eine wirklich ganz wunderbare Sache. Aber der Spaß war bald vorbei, als Manfred ernst machte und sich so richtig an Helga festsaugte. Stundenlang lagen die beiden knutschend im Gras, und wir anderen mussten ihnen zusehen. Was dann doch ein bisserl unfair war, denn insgeheim waren wir alle ganz schön neidisch auf den Manfred.

Bei schlechtem Wetter radelte ich ins Hallenbad ...
Eines Tages, ich hatte mich nach dem Duschen gerade neben dem Becken auf der Steinbank niedergelassen, das setzte sich ein Mann neben mich.

Anscheinend war er kriegsversehrt. Ich konnte sehen, dass einer seiner Arme unterhalb des Oberarms amputiert war.

»Ich hab dich vorhin beim Duschen gesehen«, sagte er zu mir.

Ich erschrak. Aus den Augenwinkeln linste ich auf seine haarigen Beine und die hellblauen Badelatschen.

»Wie alt bist du?«, sagte er.

»Dreizehn«, murmelte ich erschrocken und hätte es unhöflich gefunden, einem Erwachsenen nicht zu antworten.

»Ich hab auch einen Sohn«, sagte er. »Der ist auch schon dreizehn.«

»Aha«, sagte ich und war eine Spur erleichtert, dass er mir doch nur von seinem Sohn erzählen wollte.

Plötzlich begann er, verschwörerisch zu flüstern. »Würde gern sehen, wie weit du schon entwickelt bist. Verstehst du? Wenn du nichts dagegen hast, möchte ich mir das gern mal ansehen.«

Ich brauchte einen Moment, bis ich verstand, was er von mir wollte. Augenblicklich fiel ich in eine Art Schockstarre. Wie angewurzelt saß ich da und hoffte nur, dass er endlich wieder verschwinden würde.

»Würde gern mal sehen, ob du auch schon so entwickelt bist wie mein Sohn«, wiederholte er. »Nur mal vergleichen, verstehst du?«

Mein Herz klopfte bis zum Hals, und ich versank in meiner Marmorbank.

»Komm doch mit mir zum Klo«, schlug er vor. Am anderen Ende der Schwimmhalle gab es eine Männertoilette.

»Nein, ich muss jetzt nicht«, hörte ich mich dümmlich sagen und glotzte stur geradeaus Richtung Schwimmbecken.

»Hast du Angst? Du bist doch ein großer Bub. Du musst keine Angst haben vor mir, musst du wirklich nicht.«

Ich merkte, wie er noch ein Stück näher an mich heranrückte.

Warum bin ich nicht sofort aufgestanden und weggegangen? Ich konnte es nicht. Ich bin sitzen geblieben wie ein Kaninchen in Schockstarre.

»Will dich nur kurz mal anfassen«, sagte er. »Ist doch nichts dabei, oder? Was denkst du?«

Ein paar endlos lange Sekunden vergingen.

»Ich geh dann schon mal vor«, sagte er schließlich. »Und du kommst einfach nach, okay? Ich warte auf dich.«

Mein Herz klopfte, und ich spürte, wie er mich ansah. Dann stand er auf und schlenderte unschuldig hinüber zum Männerklo.

Augenblicklich wurde ich wieder lebendig, hüpfte von der Bank, sauste zur Umkleide, zog mich blitzschnell an, raste hinaus zu meinem Fahrrad und trat wie der Teufel in die Pedale.

Dabei stellte ich mir vor, wie mein Vater wutentbrannt ins Schwimmbad lief und dem Einarmigen »gehörig den Marsch blies«, wie er es immer ausdrückte.

Aber kaum war ich daheim, erzählte ich meinen Eltern gar nichts. Das alles war mir doch schrecklich peinlich. Auch dachte ich inzwischen, dass mein Vater, der noch nie im Leben ein Hallenbad betreten hatte, den Einarmigen sowieso nicht zur Rede stellen würde.

Dazu hätte er gar nicht den Mut, dachte ich. Und mit einem Mal dachte ich, dass mein Vater ein Feigling war, auf den ich mich nicht verlassen konnte, wenn es darauf ankam. Und ich erschrak über diesen Gedanken und schämte mich dafür.

Noch lange beschäftigte mich die unangenehme Begegnung, und ich traute mich nicht mehr in mein geliebtes Hallenbad.

*

Obwohl mich das Instrument nicht interessierte, bestand mein Vater darauf, dass ich Geige lernte. Er besaß ein altes, sehr dunkel lasiertes Exemplar, auf dem er angeblich selber gespielt hatte, als er noch ein Bub gewesen war. Inzwischen konnte er es aber nicht mehr, und ich habe ihn ihr niemals auch nur einen Ton entlocken hören.

Mein Geigenunterricht fand in der Schule statt, und der Lehrer hieß Herr Urban. Am Nachmittag musste ich also noch einmal zur Schule radeln, und beim ersten Mal war ich eine Viertelstunde zu spät. Herr Urban ließ mich die Geige aus dem Kasten nehmen, packte dann unvermittelt meine linke Hand und riss sie unwirsch nach oben.

»Seht euch diese Finger an!«, rief er, und die drei anderen Geigenschüler glotzten auf meine Hand und überlegten, was daran außergewöhnlich sein sollte.

»Seht ihr diese Finger?«, fragte Herr Urban noch einmal. »Kann man mit solchen Fingern Geige spielen?«

Keiner sagte ein Wort, und auch ich hatte keine Idee, was ihm an meinen Fingern nicht gefallen könnte.

»So kann kein Mensch Geige spielen!«, rief er verärgert. »Und du?« Er starrte mir böse in die Augen. »Was sagst du dazu?«

»Weiß nicht«, murmelte ich verlegen.

»Bist du blind?«

»Nein, aber ich seh trotzdem nichts.«

»Aber ich sehe etwas. Ich sehe deine Fingernägel. Ich sehe viel zu lange Fingernägel. Schneide dir gefälligst deine Krallen, sonst brauchst du hier gar nicht mehr aufzukreuzen.«

Herr Urban verstand keinen Spaß, das wurde mir unmittelbar klar, und ich konnte ihn von Anfang an nicht leiden. In seiner Unbeherrschtheit war er fast noch schlimmer als mein Vater. Wenn wir auf unseren Geigen falsche Töne spielten, wurde er wütend und knallte seinen Schlüsselbund auf den Boden. Und mein Notenständer bekam schon mal einen Fußtritt, sodass er durchs Zimmer flog.

Zu viert mühten wir uns ab und fiedelten, so gut wir konnten, tapfer das »Ännchen von Tharau«. Herr Urban stand breitbeinig vor uns, wippte ungeduldig mit dem Fuß und raufte sich hin und wieder die Haare.

Wenn ich zu Hause üben musste, mischte sich auch noch mein Vater ein, und das Elend ging gerade so weiter.

»Du hältst den Geigenbogen falsch«, erklärte er mir, nahm mir ungeduldig den Bogen aus der Hand und zeigte mir, wie man es richtig macht. »Du musst ihn halten wie einen Apfel.«

»Echt?«

»Ja, wie einen Apfel. Du weißt doch, wie man einen Apfel hält?«

»Doch, schon.«

Seine fleischige Hand umklammerte den Bogen und er hielt sie mir vors Gesicht. »So hält man einen Apfel. Hast du kapiert?«, fragte er. »Na los, dann zeig es mir!«

Ich übernahm wieder den Bogen.

»Er weiß nicht, wie man einen Apfel hält«, rief mein Vater, und ich merkte, wie er immer mehr die Geduld verlor. »Ist das die Möglichkeit? Ist das denn so schwer? Wie oft muss ich es dir noch sagen? Halt ihn ganz locker! Nicht so verkrampft! Halt ihn wie einen verdammten Apfel!«

»So? So? So?« Auch ich hatte keine Geduld mehr und zeigte ihm alle möglichen Handgriffe, die ihm alle nicht gefielen. Am Ende packte er meine Hand und drehte sie in eine unnatürliche Richtung.

»Genau so musst du ihn halten! Verstehst du es jetzt? Merk es dir!«

»Aber so kann ich nicht spielen.«

»Ach nein?« Er schaute mich ungläubig an. »Dann hab mich doch gern! Bin ich denn hier bei den Idioten?« Entnervt und wütend verließ er das Zimmer und ließ mich mit dem »Ännchen von Tharau« allein.

Zwei Jahre lang musste ich Geige üben, dann endlich hatten meine Eltern ein Einsehen, und ich musste nie mehr zu Herrn Urban.

Zwei Jahre lang waren meine Geigenkünste im unteren Bereich geblieben, und ich hasste dieses schreckliche Instrument. Jedes Mal, wenn ich es in die Hand nahm, erinnerte es mich an meinen Vater, der ja angeblich als Bub drauf gespielt hatte und sicher viel besser gewesen war als ich.

*

In seinen jungen Jahren war mein Vater ein Mitglied der »MC«, der sogenannten Marianischen Congregation gewesen.

»Du gehst am besten auch zur MC«, meinte er zu mir. »Jeder richtige Bub sollte da hingehen, und auch dir wird das nicht schaden.«

Die MC war ein christlicher Jugendverband, bei dem die Marienverehrung großgeschrieben wurde. Da Marienverehrung nicht meine erste Priorität war, wurde ich lieber Mitglied der ND. Der »Bund Neudeutschland«, war der bekanntermaßen fortschrittlichere Verein, eine katholische Jugendbewegung für Jungen aus Oberschulen und Gymnasien, bei der dummerweise keine Mädchen zugelassen waren.

Mein Vater freute sich, dass ich nun eine Freizeitbeschäftigung hatte, die einen »richtigen Buben« aus mir machen würde.

Ich gehörte zum »Fähnlein« Don Bosco. Jede Woche trafen wir zehn Buben uns in der Innenstadt, gleich neben dem Emmeramsplatz in einem alten Haus. Die maroden Zimmer in dem leer stehenden Gebäude waren nur notdürftig eingerichtet, alte Tische und Stühle, eine Bank, ein fast leeres Regal. Kaum ein Bild hing an den schmucklosen Wänden.

In unserem Gruppenraum sangen wir mit Begeisterung die Lagerfeuerlieder aus dem winzigen Liederbuch »Rundadinella« und unser Fähnleinführer begleitete uns munter auf der Gitarre.

Wir lauschten seinen christlichen Belehrungen und spielten anschließend »Lumpenfußball«, wobei unser Ball ein zu einer Kugel zusammengeschnürter Putzlappen war. Wieso bei der ND nie ein richtiger Ball angeschafft wurde, war nicht ganz klar. Wahrscheinlich sollte dieser »Lumpenball« eine mahnende Erinnerung an die mageren Kriegsjahre sein.

Man konnte in der ND den Rang eines »Knappen« erreichen, wenn man eine ganze Weile dabei war und bei der Prüfung ein paar Fragen zum Katholizismus richtig beantworten konnte. Die nächsthöhere Stufe war der »Ritter«. Das hat keiner von uns geschafft, nur unser Fähnleinführer Andreas.

Im Sommer gingen wir zusammen auf »große Fahrt«, und jeder trug dabei sein Fahrtenmesser am Gürtel. Diese feststehenden Messer waren unser ganzer Stolz. Mein Vater hatte mir ebenfalls so ein Fahrtenmesser gekauft und es mir feierlich überreicht.

»Mach aber keinen Blödsinn damit«, hatte er gesagt. »Ich weiß, du bist schon groß, aber pass trotzdem auf und richte es niemals gegen einen Menschen.« Das hatte ich nicht vor.

Unser Ritter Andreas trug die kleine, blaue Fahne mit dem »Don-Bosco«-Zeichen, unser Fähnlein, das es bis aufs Blut zu verteidigen galt und das auf keinen Fall in die Hände unserer Feinde fallen durfte. Das Fähnlein zu verlieren, war die größtmögliche Schande und musste unbedingt vermieden werden. Wer diese Feinde waren, die es auf das schöne, blaue Fähnchen abgesehen hatten, wusste keiner von uns so genau, denn kein Mensch dachte jemals daran, uns anzugreifen.

Stundenlang schleppten wir unsere vollgepackten Rucksäcke durch die Sommerhitze des bayerischen Waldes. Wir hatten Aluminium-Essgeschirr und Feldflaschen aus Militärbeständen dabei. Die Feldflasche war mit braunem Filz bezogen, und die Essgeschirr-Büchse war gekrümmt, damit sie gut angepasst am Gürtel hing. Die Nächte verbrachten wir im Zelt oder in Heuschobern. Zu Hause hatte mich ein Klassenkamerad vor streunenden Katzen gewarnt, die sich in den Heuschobern nachts lautlos anschlichen und einem die Pulsadern aufbissen. Natürlich erzählte ich das gern weiter, und dieser fürchterliche Gedanke ließ uns alle nicht einschlafen. Unser Fähnleinführer heizte unser Heimweh noch kräftig an, indem er uns am Lagerfeuer gruselige Gespenstergeschichten erzählte.

Wenn wir keinen passenden Heuschober finden konnten, schlugen wir unser großes Gemeinschaftszelt auf, »die Kote«. Jeder von uns hatte ja ein Stück zusammengerollte schwarze Zeltplane auf seinen Rucksack geschnallt, und daraus wurde am Abend unsere Kote zusammengefügt. Müde vom langen Wandern, mussten wir noch Gräben darum herumschaufeln, damit kein Wasser ins Zelt drang, falls es regnete.

Dann hängte Andreas den großen Alukessel über das Lagerfeuer, und wir warfen gewaltige Mengen Nudeln und Knackwürste ins versalzene Wasser. Blieb etwas vom Essen übrig, wurde es den »toten Maurern« gespendet, das heißt, wir schütteten es einfach in die Büsche.

Einmal im Jahr fuhren wir in ein großes Gemeinschaftslager, wo sich mehrere Fähnlein trafen. Ein Pfarrer zelebrierte seine »Feldmesse« im Freien, wir durften uns an gespannten Seilen über kleine Schluchten hangeln, lernten das Bergen von Verletzten und fanden uns mit Kompass und den Sternen in der Wildnis zurecht. Abends im Zelt kämpften wir gegen unser Heimweh an, versteckten uns gegenseitig die Schlafsachen, schmierten Senf auf Zahnbürsten und erzählten uns bis spät in der Nacht alberne Witze. Schade nur, dass der ND ein reiner Bubenverein war, mit ein paar Mädchen hätte uns so ein Zeltlager noch viel mehr Spaß gemacht.

Mein Vater war froh, dass ich durch den ND auf dem besten Weg war, ein richtiger Bub zu werden, so wie er selber ein richtiger Bub gewesen war. War ich nach so einer »Fahrt« wieder zu Hause, musste sich mein Großvater meine Erlebnisse in allen Einzelheiten anhören, denn allein in ihm fand ich einen geduldigen Zuhörer.

Auf alten Fotos sah mein Vater gut aus …
Er hatte leicht welliges Haar, ein intelligentes Gesicht, eine markante Nase und ein kräftiges Kinn. Und er war schlank. Solange ich mich zurückerinnern konnte, war er immer nur dick gewesen, und es ist schwer zu sagen, ob ihn das störte, denn sicher war ihm klar, dass ihm seine imposante Erscheinung eine gewisse Autorität verlieh.

Er war schon immer ein leidenschaftlicher Esser gewesen. Wenn wir zusammen am Tisch saßen, schaufelte er hochzufrieden die feinen Sachen in sich hinein, die meine Mutter für uns gekocht hatte, und in seltenen Fällen, wenn er gut gelaunt war, dann konnte er dabei richtig lustig werden. Einen Witz kündigte er mit dem Ausruf an: »Achtung, Witz!« Das war der Warnruf an meine Mutter, die naturgemäß keine Witze verstand und ihm deshalb gern eine Pointe vermasselte.

»Wo ist da der Witz?«, hörten wir sie fragen, wenn wir längst vor Lachen unter dem Tisch lagen.

Gewaltige Mengen Schweinernes konnte mein Vater in sich hineinschaufeln, er mochte auch Wiener Schnitzel, Gulasch, Würstel, Bratkartoffeln und Krautwickerl, trank Bier und Radler und hinterher brauchte er einen Schnaps und natürlich eine Peter Stuyvesant.

Wenn Geld da war, ging es am Sonntag auch hin und

wieder in den »Wienerwald«, in dieses neue Lokal, in dem es »die besten Brathendl der Welt« gab.

»Wenn wir den Vati nicht hätten, könnten wir uns eine Sau halten«, war ein beliebter Spruch bei uns, den der Vati aber nicht hören durfte.

Richtig satt war er selten. Kurz vor dem Zubettgehen konnte es ihn noch nach einer Haferflockensuppe gelüsten oder nach einem Schinkenbrot mit Spiegelei, dann musste die Mutter schnell noch einmal in die Küche laufen.

»Im Krieg hat's so wenig gegeben«, war ihre Erklärung, wenn wir fragten, warum unser Vater immer dicker wurde. »Und jetzt freut er sich halt, dass es alles zu essen gibt und dass wir nicht hungern müssen. Menschenskind, uns geht's doch so gut.«

Meine Mutter ging regelmäßig zur Messe. Sie arbeitete später sogar ein paar Jahre lang als Sekretärin im kirchlichen Ordinariat. Immer hatte sie es verstanden, sich mit den Gemeindepfarrern anzufreunden, die sie gern zu uns zum Essen einlud.

Hatte sich der Pfarrer angekündigt, legte sie sich richtig ins Zeug. Sie holte die feinen Stoffservietten heraus und das gute Geschirr, legte eine Halskette an und ein schönes Kleid, und der himmlische Bratenduft, der den hochwürdigen Gast dann empfing, ließ ihn den Weihrauchgeruch seiner Sonntagsmesse bestimmt schnell vergessen. Meine Mutter servierte Grießnockerl- oder Pfannkuchensuppe, Gebratenes aus der Reine, Schweinsbraten, Rinderrouladen, Sauerbraten mit Knödel, Wiener Schnitzel, Gulasch und Kopf- und Kartoffelsalat, Quarknachspeisen und Dosenfrüchte.

Die Pfarrer schätzten das Essen meiner Mutter und die leutselige Art meines Vaters. Und der hatte nie etwas gegen diese häufigen Pfarrerbesuche einzuwenden, waren sie doch eine willkommene Abwechslung an den sonst langweiligen Sonntagen.

Meistens kam nur der Pfarrer allein zum Mittagessen nach der Messe, manchmal kamen sie auch zu zweit, keine Ahnung, wer der zweite Pfarrer war, vielleicht war er aus der Nachbargemeinde. Auch am Abend besuchten sie uns oft, saßen dann bis spätnachts mit meinen Eltern im Wohnzimmer, futterten Schnittchen, tranken Eierlikör und Kirschwasser und spielten irgendwelche Brettspiele. Das lustige »Malefiz« oder das extra für solche Abende gekaufte »französische Roulette«. Wir Kinder lagen nebenan in unseren Betten und hörten ihr Lachen und irgendeine Opernmusik, die unser Vater auf den Plattenteller gelegt hatte.

*

Ich erinnere mich an einen schmerzhaften Furunkel an meiner Pobacke, der mir das Sitzen auf der Schulbank noch unerträglicher machte, als es sowieso schon war. Von meiner Mutter mit Zugsalbe und Pflaster ausgestattet, quälte ich mich durch die endlosen Unterrichtstunden. Ich konnte immer nur auf einer Pobacke sitzen, rutschte unruhig herum und versuchte, mir nichts anmerken zu lassen, denn allein das Wort *Furunkel* fand ich schon schrecklich peinlich.

»Das Ding muss er sich aufschneiden lassen«, meinte mein Vater. »Sein ewiges Herumgerutsche nervt langsam.«

»Ja. Du hast recht, so kann das nicht weitergehen«, sagte meine Mutter. »Er muss zu einem Doktor.«

»Wieso denn aufschneiden?«, rief ich entsetzt.

Mein Vater lächelte. »Das ist überhaupt kein Problem. Du gehst zum Doktor, und der schneidet es dir im Nullkommanix auf.«

Der Gedanke versetzte mich in Panik.

»Stell dich nicht so an«, sagte mein Vater. »Als Bub hab ich wegen so einer Kleinigkeit nicht so ein Geschiss gemacht.«

»Ach? Du hast auch einen Furunkel gehabt?«, fragte meine Mutter.

»Kann schon sein«, sagte mein Vater. »So genau kann ich mich nicht mehr daran erinnern.«

»Am besten, wir gehen gleich morgen ins Krankenhaus«, sagte meine Mutter. »Dort bist du in guten Händen, und das geht dann ratzfatz.«

»Den Kopf werden sie dir schon nicht abschneiden«, sagte mein Vater.

Der Termin im Krankenhaus »Barmherzige Brüder« war am Vormittag, und ich hatte schulfrei bekommen, was das einzig Gute daran war. Da wir kein Auto hatten, humpelte ich neben meiner Mutter her, im Schneckentempo ging es die drei Kilometer bis zur Klinik, und bei jedem Schritt verfluchte ich meinen schmerzenden Po.

Bei den Barmherzigen Brüdern nahmen mich zwei unbarmherzige Schwestern unter ihre Fittiche.

»So, junger Mann, dann lass mal die Hosen runter«, befahl mir die kräftigere der beiden. Mit einem Ruck entfernte sie Mutters liebevoll gebastelte Verbandkonstruktion.

»Nicht so zimperlich«, sagte die Zierliche. »Jetzt beug dich schön vor.« Sie zeigte auf die Behandlungsliege, und ich schickte ein Stoßgebet zum Himmel.

»Ach Gott, bekommt er denn keine Spritze?«, hörte ich meine Mutter besorgt fragen.

»Das ist nicht nötig, das haben wir gleich«, sagte die kräftige Schwester, betupfte meinen Furunkel mit Alkohol und griff zum Skalpell. Ich krallte mich in die Behandlungsliege und biss die Zähne zusammen. Ein kurzer, höllischer Schmerz, ich kreischte auf, dann war das Schlimmste vorbei, aber es tat immer noch weh.

»Na also«, sagte die Schwester. »Du lebst noch. Dann hab ich dir nichts Wichtiges abgeschnitten.«

»Alles noch dran, junger Mann«, sagte die andere und lachte.

»Na Gott sei Dank.« Auch meine Mutter war erleichtert.

Die Schwestern legten mir einen frischen Verband an, und ich durfte zurück nach Hause humpeln.

Ich legte mich mit einem Karl-May-Buch auf das Sofa und hörte meinen Vater sagen: »Aber morgen geht unser Herr Sohn wieder in die Schule. Er soll sich nur nicht so anstellen.«

»Morgen darf er noch nicht«, flunkerte meine Mutter. »Die Ärztin hat dringend geraten, dass er noch einen Tag daheimbleiben soll.«

*

Irgendwann wurde festgestellt, dass ich Senkfüße habe.

»Ist doch gut, wenn du Plattfüße hast«, sagte mein Vater. »Dann musst du nicht zum Militär. Solche mit Plattfüßen können sie da nicht gebrauchen.«

Ich war heilfroh, als ich das hörte, denn zum Militär wollte ich auf gar keinen Fall. Unverständlicherweise wollte meine

Mutter trotzdem etwas gegen meine Senkfüße unternehmen, und so schleppte sie mich eines Tages zu einem Orthopäden.

Der hatte seine verstaubte Praxis im Erdgeschoss eines uralten Gebäudes. Kaum waren wir da, öffnete meine Mutter eine falsche Tür und wir traten in einen fahl beleuchteten Umkleideraum. Erschrocken blickte ich auf fünf oder sechs halb nackte Männer, die in weißer Unterwäsche vor den Umkleidespinden herumstanden oder saßen. Alle drehten sich gleichzeitig zu uns um.

»Raus hier!«, schrie einer, der nur noch ein Bein hatte. Entsetzt sah ich, dass jedem dieser Männer etwas fehlte. Dem einen ein Unterschenkel, dem zweiten ein Arm, dem dritten und vierten eine Hand, und der fünfte hatte einen künstlichen Fuß. An der Wand lehnte eine Beinprothese, und auf der Bank lagen noch andere künstliche Körperteile. Ich starrte sekundenlang auf dieses Gruselkabinett – erschrocken und fasziniert zugleich.

»'tschuldigung«, sagte meine Mutter schnell. »Wir brauchen eigentlich nur ein paar Schuheinlagen.«

»Falsche Tür!«, riefen die Männer im Chor. Meine Mutter nahm mich an der Schulter, drehte mich um und schob mich zur Tür hinaus.

»Das sind arme Invaliden«, erklärte sie mir. »Die waren bestimmt alle im Krieg.«

Wie froh war ich jetzt wieder über meine Plattfüße, die mich sicher vor einem Militärdienst bewahren würden.

Mir wurden ein Paar Schuheinlagen angepasst, bernsteinfarbene, beinharte Dinger, die wehtaten und die ich mindestens ein Jahr lang in meine Schuhe legen sollte. Sofort war mir klar, dass ich sie niemals tragen würde. Nur um meine

Mutter nicht zu enttäuschen, legte ich sie zwei oder drei Tage lang in meine Schuhe, und schon am vierten Tag warf ich sie klammheimlich in eine Mülltonne.

*

Als ich später achtzehn wurde, musste ich dann tatsächlich nicht zur Bundewehr, aber mit meinen Füßen, die doch nur leicht gesenkt, ansonsten ganz normal waren, hatte das nichts zu tun. Nein, ich hatte mich wohlweislich schon vor der Musterung beim Katastrophenschutz angemeldet, zehn Jahre lang sollte ich dort meinen Ersatzdienst leisten. Natürlich war das eine schrecklich lange Zeit, aber nur hin und wieder würde man zu einem Einsatz gerufen, und der Katastrophenschutz schien mir doch viel sinnvoller als ein Dienst an der Waffe.

Allerdings war ich nur ein paar Wochen dabei und lernte doch Unverzichtbares: zum Beispiel, wie man sich bei einem Atomschlag notdürftig schützen konnte (du musst dich eng an eine Wand oder unter einen Tisch legen und irgendetwas über dich halten, und wenn es nur eine Zeitung ist), und was bei einem Gasangriff zu tun ist (das hab ich leider vergessen und hoffe, dass es nie zu einem Gasangriff kommen wird). Meine beginnende Karriere als Katastrophenschützer wurde jäh unterbrochen, als man mir mitteilte, gerade mein Jahrgang sei nun leider doch nicht mehr zugelassen. Also wurde ich wieder entlassen und musste mir etwas anderes überlegen.

Auf die gefürchtete Gewissensprüfung, die nötig war, um einen Ersatzdienst in einem Krankenhaus anzutreten, hatte ich wenig Lust, denn man hörte nur Schlimmes darüber.

Der schlaueste meiner Freunde war Alex. Er konnte 2CV-Motoren ausbauen, Plattenspieler, Gartenstühle und jeden anderen kaputten Gegenstand reparieren. Selbstverständlich hatte er es auch locker geschafft, nicht zum Bund eingezogen zu werden. Alex nannte mir einen Nervenarzt, Herrn Mannheimer, der ihm vor der Musterung ein entsprechendes Attest ausgestellt hatte.

Also suchte auch ich Herrn Mannheimer auf und bekam tatsächlich ebenfalls so ein Attest, denn der Doktor war überzeugter Pazifist. Als der Termin zur Musterung gekommen war, machte ich mich mit dem Attest in der Tasche auf den Weg.

Die anwesenden Militärärzte fanden meinen Namen erst mal total super. Wie sie mir sagten, habe es im Zweiten Weltkrieg einen berühmten General namens Eduard Dietl gegeben, und sie wollten wissen, ob ich mit diesem verwandt wäre oder was er sonst mit mir zu tun hätte, da mein Vater ja genauso hieß.

»Denkst du an eine Karriere hier bei der Bundeswehr?«, fragten sie mich voller Hoffnung. »Wofür interessierst du dich denn so?«

»Nun, doch eher für das Zeichnen«, sagte ich. »Ich bin nicht so der sportliche Typ.« Das stimmte. Gezeichnet hatte ich schon immer gern. Schon in der Grundschule hatte ich mir Geschichten ausgedacht, sie aufgeschrieben und mit Bildern illustriert. Und bei einem Zeichenwettbewerb, den unser Supermarkt ausgerichtet hatte, hatte ich als zweiten Preis ein Märchenbuch gewonnen.

»Wunderbar«, riefen die Bundeswehrler erfreut. »Wir brauchen gute Kartografen. Du kannst bei uns die Landkarten zeichnen.«

Ich zeigte ihnen mein Mannheimer-Attest und sah, wie enttäuscht sie waren.

Leider erklärten sie mich nicht für untauglich, aber ich wurde für ein Jahr zurückgestellt bis zu einer zweiten Musterung und hatte so erst mal meine Ruhe.

Als ich meinem Vater erzählte, wie begeistert man von seinem Namen gewesen war, ging er kaum darauf ein. Er erklärte mir nur, dass dem General Eduard Dietl, diesem fürchterlichen Nazi-General, nach 1945 die Beteiligung an Kriegsverbrechen und Verbrechen gegen die Menschlichkeit nachgewiesen worden war, allerdings war er da schon tot. Er starb bei einem Flugzeugabsturz 1944 nach einem Besuch bei Adolf Hitler. Bis dahin war mir nicht klar gewesen, womit der Name meines Vaters in Verbindung gebracht werden konnte.

Kaum war ein Jahr vorüber, wiederholte sich das Ganze. Auch bei der zweiten Musterung fragte man mich nach meinem Vater und seinem in Militärkreisen berühmten Namen. Wieder zauberte ich mein Mannheimer-Attest aus dem Hut, und wieder wurde ich um ein Jahr zurückgestellt.

Beim dritten Mal schickten sie mich zu einem Bundeswehr-Psychologen, der mir ein paar Kunstdrucke und einen Rorschachtest vorlegte. Mit Malerei und Bildern kannte ich mich aus. Selbstverständlich konnte ich in den Vorlagen die für meinen Fall notwendigen Interpretationen liefern. Ich erkannte deprimierte Frauen nah dem Wahnsinn, traurige Männer mit Selbstmordgedanken, Düsternis und Hoffnungslosigkeit in jedem Bild. Auch zu den Rorschachklecksen assoziierte ich nur blutige Pfützen und zerquetschte Tiere. Ein paar Tage später flatterte mir ein Schreiben der Musterungsbehörde ins Haus. Darin wurde ich für untauglich erklärt.

»Da hast du Glück gehabt«, sagte mein Vater. »Beim Barras, da schinden sie dich bloß. Was hab ich für einen fürchterlichen Feldwebel gehabt. Dreimal hintereinander hat er mich das Bett machen lassen, weil es ihm nicht ordentlich genug gewesen ist.«

»Siehst du, darum hab ich keine Lust auf so was«, sagte ich, »mir ist alles Militärische zuwider.«

»Dann haben wir ja etwas gemeinsam«, sagte mein Vater.

*

Mein Vater war als Jugendlicher beim Militär gewesen, aber er redete nicht oft über seine Zeit beim »Barras«, wie er es nannte. Als Siebzehnjährigen hatte man ihn kurz vor Kriegsende noch als Flakhelfer eingezogen. Seine Erlebnisse hatte er in einem Tagebuch notiert, das ich später zwischen seinen Sachen fand.

14. Dezember 1944.
Im Zug über Mühldorf durch das schwer getroffene Salzburg, dann durch die Tauern. Beim Anblick der Gebirgstäler vergeht aller Kleinmut. 18 Uhr Ankunft in Villach. Wehrmachtsunterkunft in der Turnhalle, abenteuerliche Stimmung. Rösch hat Revolver dabei wegen der Partisanen, das wurde uns im Einberufungsbefehl tatsächlich empfohlen. »Privates Abendessen« Hotel Post. Am Nebentisch erzählt einer von seiner sexuellen Leistungsfähigkeit; achtmal in einer Nacht! So tönt es durchs Lokal. Nachtruhe, Weiterfahrt 7 Uhr.

20. Dez. Vormittags medizinische Untersuchung, nachmittags Infanteriedienst, am Abend Gespräch mit Reiser, möchte

mich über Jazz unterhalten, wovon wir beide nichts verstehen, er über weibliche Schönheit, wovon wir beide ...

21. Dez. Geländedienst, danach Impfung, nachmittags Infanteriedienst. Abends müde und gereizt, Reiser will wieder mit seiner weiblichen Schönheit anfangen. Ich nenne ihn Arschloch, er ist beleidigt. Hätte das nicht sagen dürfen. Übrigens militärische Perversion: Ich muss sagen, mir gefällt der Dienst so weit. Vielleicht, weil ich ihn mir schlimmer vorgestellt hatte.

24. Dez. In der Stube überall Tannenzweige. Habe Mutter gebeten, daheim einen Christbaum zu schmücken, auch wenn Vater und ich nicht da sind. Ob sie es tut? Nachmittags Kompanieweihnachtsfeier »Stille Nacht«, »Oh du Fröhliche«, »Das Karussell, das dreht sich immer rundherum« etc. Dann Batallionsweihnachtsfeier im Kasernenhof, besser gesagt Jubelfeier mit Worten des Führers und Gedichten von Baldur von Schirach. Dann Zugweihnachtsfeier mit guten Esswaren, Stollen, Äpfeln, 8 Zigaretten, einem Viertel Wein und Bonbons. Einer schläft ein, und ein anderer versucht, ihn zu wecken, indem er ihm eine brennende Zigarette in die Hand legt. Der wacht auf und schimpft fürchterlich. In der Kaserne wird mit Karabinern in die Decke geschossen, die von der Stube darüber laufen kreidebleich nach unten.

25. Dez. Bekanntgabe unserer Versetzung ins Partisanengebiet. Wir würden einen Spieß erwarten, vor dem seit Jahren die ganze Armee zittert. Geländedienst. Herrlicher Blick auf

die Karawanken. Trotz allem Weihnachtsstimmung. Ich lese Eichendorff. Die Versetzung kümmert mich wenig.

26. Dez. Gasraumprobe, dann Vereidigung, Frontuntersuchung. Es werden Freiwillige für den Einsatz gegen die Partisanen gesucht.

30. Dez. Geländedienst mit Gasmasken. Baden.

31. Dez. Silvester. Abfahrt von Laak. Wir »reisen« in plüschgepolsterten Eisenbahnwaggons nach Klagenfurt. Langes Warten im Bahnhof, Unterkunft im Armeemuseum. Lasse das Schweizer Messerchen, das mir mein Vater zum Abschied geschenkt hat, auf dem Bett liegen und geh einen Augenblick weg – schon ist es geklaut. Also: in Zukunft vor Kameraden auf der Hut sein. Schöne Sprüche sind das eine, die Wirklichkeit ist eine andere.
Feiere mit Hubert Silvester. Worauf sollen wir anstoßen?

3. Januar 1945. Sehr früh Abfahrt. 11 Uhr Ankunft Bärental. Marsch zum Bataillon. Unser Oberjäger sieht ganz gemütlich aus. Ein Irrtum, wie sich herausstellt. Gewaltmarsch zur Kompanie in Sibika. Oberjäger ohne Gepäck rennt wie wild, wir mit Gepäck japsen durch den Schnee hinterher. Am Ende unserer Kraft kommen wir an.

6. Jan. Sie nehmen uns schwer ran. Sehr harter Dienst. So kann das nicht bleiben. Unsere Kompanie ist vorgeschobener Stützpunkt im Partisanengebiet Untersteiermark. Am Abend kein Licht, schlafen auf Holzgestellen, je eineinhalb

Mann auf einem Strohsack – kein Problem, so müde, wie wir sind.
Jeder kriegt Läuse, sagen uns die »Alten«. Noch haben wir keine.

10. Jan. Wie immer Geschützdienst. Bittere Kälte. Plötzlich müssen wir zum Einsatz. Versuchen, auf dem Marsch bei Bauern Brot und Äpfel zu bekommen. Jeder hat Hunger. Dann die ersten Gefallenen. Die ersten Toten in meinem Leben, die ich so nah sehe. Ich sehe einen Menschen sterben. Ein Kamerad hat einen Nierensteckschuss und liegt in einer Bauernstube. Sanitäter sind da. Er sagt zwei Worte: Mutter! Durst! Ein Sanitäter will ihm Wasser geben, der andere sagt, dass man das nicht darf. Sie legen ihm Schnee auf die Lippen. Blödsinn, sagt einer zu mir, der lebt sowieso keine zwei Stunden mehr. So war es dann auch.
Von der vorderen Linie ist ein Gefallener zu holen. Wir schleppen den Toten. Sein Rücken ist aufgerissen. Wo sind unsere Leute? Sind wir schon von Partisanen umzingelt? Kommen nicht weiter. Eine Leiter von einem Bauernhof wird organisiert. Zu viert tragen wir den Toten auf der Leiter über steile Wege bei Eis und Schnee. Manchmal rutscht einer ab, und der Tote fällt von der Leiter.
Später am Abend tun die Oberjäger so, als wär gar nichts geschehen.

13. Jan. Die letzten Tage wirklich schlimm, kein Eintrag möglich. Wir alle haben Läuse. Scharfer Gewehrappell. Denke an die lieben Eltern zu Hause. Vielleicht haben sie es noch schlimmer als wir hier. Bei den Schießübungen: 51 Ringe.

14. Jan. Lerne die alte Pfarrerköchin von Sibika kennen. Kann sie überreden, und sie gibt mir den Kirchenschlüssel. Ich spiele auf der Orgel. Ein Traum von einer besseren Welt. Nachts Wache schieben. Habe Hunger und muss immer an Essen denken. Werde Mutter schreiben, dass sie, wenn ich jemals heimkommen sollte, zuallererst Apfelstrudel backen soll. Ist lächerlich, aber ich schreibe es.

20. Jan. Erhalte Päckchen mit Früchtebrot von daheim. Aufschwung.

29. Jan. Fünf Päckchen von daheim, alle zerquetscht und ausgeplündert. Das, was an Plätzchen usw. übrig ist, frisst mir Schreiter zum größten Teil weg. Er ist total zerknirscht und verspricht, dass er es, wenn er heil aus dem Krieg herauskommt, hundert- und tausendfach ersetzen wird. Was kannst du machen? Jeder hat Hunger.

4. März. Zwei Mann haben Fahnenflucht begangen und sind in Richtung der Partisanen abgehauen. Die Kompanie schwärmt aus, um sie zu suchen. Man findet sie schlafend in einer Scheune. Sie werden im Pfarrhof eingesperrt, nachts habe ich Wache vor ihrer Tür. Hör sie leise reden. Es ist ihnen kalt. Ob sie erschossen werden? Man sagt, dass sie die nächste Woche nicht überleben. Unvorstellbar! Bin am Richtkries, ich darf reiten lernen.

12. März. Kompanie wird nach Kufstein verlegt. Melde mich als Koch, wer kocht, muss bei Tag nicht Posten schieben. Sogar der Herr Oberjäger lässt sich herab und verleibt sich

mein Gulasch ein. Kufstein traumhaft. Frühling, herrliche Landschaft. 9 Mann in sauberer Stube. Elektrisches Licht und fließendes Wasser, saubere Betten, Geruch nach dem Holz der Böden. Märchenland.

13. März. Fahrt nach Rosenheim zur Entlausung.

23. April. Auf Festung Kufstein. Im Hof sitzen Flüchtlinge mit einem kleinen Radio. Höre, dass Regensburg von den Amerikanern eingenommen ist.

27. April. Kurz vor Abmarsch erhalte ich Brief von daheim. Tante Leni in Nürnberg hat auch ihre Notunterkunft durch Bomben verloren. Nun besitzt sie gar nichts mehr.

30. April. Nichts zu tun, nur Tragtiere versorgen. Erwarten nun jeden Tag gespannt das Kriegsende. Italienarmee soll schon kapituliert haben. Aber uns sagt man nichts. Die an den Radios und Funkgeräten wagen es offenbar nicht, uns die Nachrichten weiterzugeben, könnte falsch ausgelegt werden.

1. Mai. Lässiger Betrieb. Geben den Leuten hier Barras-Sachen, Klamotten und Pferde, bekommen dafür Zivilkleider und Essen.

5. Mai. Hitler soll tot sein. Wir halten den Krieg für beendet. Verschießen unsere Munition an eine Felsenwand, dass die Funken spritzen. Jäger Mälzel kommt angerannt und ruft aufgeregt, dass man uns erschießen wird, wenn uns eine

Streife hier antrifft. Die SS durchstreift die Gegend und stellt jeden an die Wand, der in Zivil erwischt wird. In Hieflau haben sie bereits eine ganze Reihe Soldaten erschossen. Dann noch eine Schreckensnachricht. Morgen soll es zum Einsatz gegen die Amerikaner gehen.

Zu einem Einsatz gegen die Amerikaner ist es nicht mehr gekommen. Am 8. Mai wurde der Waffenstillstand bekannt gegeben, und am 18. Mai erfolgte dann endlich die Entlassung meines Vaters aus der Wehrmacht. Ein amerikanischer Offizier fragte ihn, ob er glaube, dass die ganze deutsche Jugend nationalsozialistisch sei?

»Jetzt bestimmt nicht mehr«, sagte mein Vater. »Und vorher auch nicht alle.«

»Was wollen Sie später werden?«, fragte ihn der Offizier.

»Musiker«, sagte mein Vater, denn es sollte so nichtmilitärisch wie möglich klingen. Der Offizier schrieb »Farmer« in den Entlassungsschein, so wie bei allen anderen auch.

Als mein Vater schließlich wieder in Regensburg eintraf, waren die historische Steinerne Brücke und der Eiserne Steg gesprengt, und über die Donau führte eine hölzerne Notbrücke.

Über seine Erlebnisse hat mein Vater nie gern gesprochen, und was spannende Kriegsberichte anging, hatte mein Großvater schon mehr zu bieten.

Wenn wir Kinder im Garten auf der Leiter standen und mit dem Opa Kirschen pflückten, erzählte er uns von den Hühnern und Kaninchen, die er während des Krieges im Käfig gehalten hatte. Als die Familie irgendwann nichts mehr zu essen hatte, legten die Hühner immer noch ihre Eier, und auch die Kaninchen wurden nach und nach alle geschlachtet.

Nur dass er selber trotzdem fast verhungert wäre, das erzählte er uns nicht, das erfuhren wir von der Oma. Der Opa hatte das wenige, das sie damals hatten, ihr und den Kindern gegeben, natürlich auch die gebratenen Kaninchen. Er selber hatte fast gar nichts mehr gegessen, war immer magerer geworden und am Ende beinahe verhungert.

Aber noch beeindruckender war die grausige Geschichte, die mein Opa über den Urgroßvater erzählte. Im Krieg gegen die Franzosen musste er sich vor eisigem Wind und todbringender Kälte schützen, und so war er in den ausgehöhlten Kadaver eines toten Pferdes gekrochen. Darin hatte er mehrere Nächte verbracht, und das tote Pferd hatte ihm das Leben gerettet.

Obwohl meine Eltern wenig Geld hatten, fuhren wir in den Weihnachtsferien …

regelmäßig nach Oberau in Tirol. Dort wohnten wir bei der Familie Weißberger, die im ersten Stock ihres Hauses ein paar Zimmer vermietete. In einem der Zimmer wohnten meine Eltern, ein zweites teilte ich mit Beate. Zwei, drei Wochen lang wuschen wir uns mit kaltem Wasser an einem Waschbecken, Dusche gab es keine, und das Klo war draußen im Flur. Aber die Zimmer rochen gut, sie waren ruhig, gemütlich und bezahlbar, und die Weißbergers waren nette Leute.

Manchmal fuhr mein Vater schon eine Woche vorher allein los, denn ohne uns konnte er sich viel besser erholen. Zu Ferienbeginn folgten wir ihm dann nach. Ich hatte mein Halbjahreszeugnis in der Tasche und das quälende Gefühl, meinem Vater mit zwei Fünfern mal wieder seine wohlverdienten Urlaubstage zu vermiesen.

Mit dem Zug ging es von Regensburg nach München, wo wir in die Bahn nach Österreich umstiegen. In Wörgl luden wir unser Gepäck und die Skier in einen uralten, stinkenden Postbus, der sich hupend und schnaufend die verschneiten Serpentinen zur Wildschönau hinaufquälte. Jedes Mal wieder staunten wir, wie hoch der Schnee hier lag, und Beate und ich freuten uns sehr auf das Skifahren. Unsere Eltern fuhren nicht Ski, sie gingen lieber spazieren oder lagen lesend in ihren Betten und warteten darauf, dass es endlich Zeit war für das Abendessen.

Im ersten Jahr hatten wir noch billige Holzbrettl ohne Sicherheitsbindung an den Füßen. Die klebten im Schnee, und man musste sie man kräftig einwachsen, damit man überhaupt den Berg hinunterkam.

Kaum waren wir in unserem Urlaubsort angekommen, wollte uns der Vater gleich mal das Skifahren beibringen. Er selber war zwar noch nie Ski gefahren, aber er wusste genau, wie es ging.

Also brachte er sich am Fuß eines kleinen Hügels in Position, und meine Schwester und ich stiegen ein Stück weit hinauf mit unseren sorgfältig gewachsten Brettern.

Der Vater winkte uns zu und rief: »Erst mal du, Beate. Los! Fahr!«

»Ich trau mich nicht!«, rief Beate.

Mein Vater breitete die Arme aus. »Fahr einfach auf mich zu, ich fang dich auf.«

»Ich trau mich aber nicht!«, rief Beate.

»Los, mach schon! Sei kein Feigling.« Noch immer stand er da, mit weit ausgestreckten Armen. »Verdammt noch mal! Fahr jetzt doch endlich los!«, schrie er, und wir merkten, dass er langsam ungeduldig wurde. »Mach schon! Ich zähle bis drei, bei drei fährst du einfach los. Eins, zwei, drei!«

Beate biss die Zähne zusammen, ließ sich beherzt den Hügel hinunterrutschen.

»Jetzt bremsen!«, rief mein Vater und wedelte mit den Armen. Doch Beate wurde immer schneller. »Bremsen! Bremsen! Jetzt brems doch endlich!«

»Wie denn?«, kreischte Beate. Sie schoss auf unseren Vater zu, knallte direkt in ihn hinein, und beide purzelten rücklings in das zugefrorene Bachbett.

Wie ein dicker, schwarzer Käfer lag mein Vater auf dem Rücken, fluchend rappelte er sich auf und versuchte, wieder herauszukrabbeln. »Verdammt noch mal, so was Saublödes! Wieso bremst du denn nicht?«

»Weil ich nicht kann«, schluchzte Beate, die versuchte, sich die Ski auszuziehen.

»Ihr könnt jetzt selber weiterüben!«, rief uns mein Vater zu und machte sich auf den Weg zu der kleinen Lebensmittelhandlung, wo es diesen guten Tiroler Speck gab und die wunderbaren »Teufelsroller«, die mit scharfer Paprika gespickten Rollmöpse.

Das Skifahren haben wir uns dann selber beigebracht, den ganzen Tag waren wir unterwegs auf den verschneiten Hängen, und erst am späten Nachmittag kurz vor dem Abendessen sahen uns unsere Eltern wieder. Jeden Tag stapften wir gleich nach dem Frühstück los, der vom Nachtfrost eisige Schnee knirschte unter unseren Skistiefeln, aber der Lift am »Riedl-Hang« hatte bereits geöffnet. Wenn später die Skilehrer mit ihren Gruppen kamen, konnte ich ihnen ein paar Tricks abschauen, lernte Pflugfahren, den Parallelschwung und später sogar das Wedeln. Selber einen Skikurs zu machen, kam für uns nicht infrage, dazu hatten wir kein Geld, schon das Liftfahren war ja nicht gerade geschenkt.

Am Abend gingen wir hungrig zum Dorferwirt, manchmal auch zum Kellerwirt, der gemütlicher, jedoch auch teurer war. Der Kellerwirt hatte die besten Wiener Schnitzel und einen »ganz hervorragenden Kaiserschmarren«, den mein Vater bei jeder Gelegenheit über den grünen Klee loben musste. Meine Mutter trank jeden Abend Cola oder Spezi zu ihrem Zwiebelrostbraten, und peinlicherweise bestellte sie sich jedes Mal einen Bierwärmer dazu, ein mit heißem Wasser angefülltes Metallröhrchen, das sie in ihre Cola hängte, um sich nicht zu erkälten. Auch zu einem Schweinebraten bestellte sie sich, zum Entsetzen meines Vaters, Cola, Limo oder Spezi mit Bierwärmer oder einen Pfefferminztee. »Auf Schwarztee kann ich nicht einschlafen. Da lieg ich die ganze Nacht wach«, erklärte sie der staunenden Kellnerin.

War der Weihnachtsabend gekommen, durften Beate und ich auf dem Bett unserer Eltern herumlümmeln und mit ihnen Quartett spielen. »Haben wir's nicht schön?«, sagte meine Mutter dann. »Findest du nicht auch, Vatterl?«

»Ja schon«, sagte mein Vater und tat so, als würde ihm das Quartettspielen Spaß machen.

So vertrieben wir uns die Zeit, bis es endlich so weit war und wir hinunterdurften in die weihnachtlich dekorierte Stube unserer Gastgeber.

Die Weißbergers gaben jedem von uns die Hand und wünschten uns eine frohe Weihnacht. Immer wieder staunte ich über den kräftigen Händedruck des Hausbesitzers, einem Zimmermann, dessen schwielige Hände sich hart und rau anfühlten wie ein Stück Holz. In der gemütlichen Stube kam weihnachtliche Musik aus dem Radio, es gab Plätzchen, Kletzenbrot und Früchtetee. Die Frauen tranken süßen Bailoni-Likör, die Männer grausigen Kartoffelschnaps, bei dem es sie schüttelte, und unser Dackel durfte die selbst gebackenen

Vanillekipferl probieren. Auch eine Wiener Wurst hatte man extra für ihn an den Christbaum gehängt.

Die Weißbergerkinder spielten mit ihren Geschenken, und auch meine Schwester und ich durften etwas auspacken, ein Spielzeug von unserer Mutter, vom Vater ein Buch, Schokolade von Tante Hilde und etwas Gestricktes von Tante Frieda.

Wenn es später am Abend Zeit geworden war für die Christmette, stapften wir alle zusammen los. Wieder knirschte der hart gefrorene Schnee unter unseren Sohlen, und unser Atem gefror in der eisigen, klaren Luft. Es war kein langer Marsch bis zur Dorfkirche. Dick eingemummte Bauern und Bäuerinnen standen davor und wünschten sich und auch uns eine frohe Weihnacht. Wenn es losging in der kalten Kirche, dann spielte die Orgel bekannte Weihnachtslieder, und meine Mutter sang voller Inbrunst mit. Die vielen Kerzen und der Weihrauch versetzten uns vollends in weihnachtliche Ergriffenheit, und auch mein Vater saß ruhig und nachdenklich in der Kirchenbank, die unbequem und viel zu eng für ihn war. Ich fragte mich, woran er jetzt wohl dachte und woran er eigentlich glaubte, denn dass er wie meine Mutter an einen lieben Gott im Himmel glaubte, das konnte ich mir nicht so recht vorstellen.

Bald hatte auch eine befreundete Familie meiner Eltern die Ferienunterkunft der Weißbergers für sich entdeckt. Jedes Jahr verbrachte nun die Familie Danninger eine Woche Ferien bei uns. Die Danningerkinder waren schon groß, Stefan war ein super Skifahrer, er machte Ausflüge zur »hohen Salve« und erzählte mir danach von seinen tollen Erlebnissen mit den vielen wunderbaren Mädchen, die er dort auf der Piste kennengelernt hatte.

Die Danningertochter Karin sah hübsch aus, hatte aber einen eher komplizierten und sensiblen Charakter. Sie löcherte ihre Eltern ohne Unterlass, weil sie unbedingt neue Ski kaufen wollte, die sie in einem Oberauer Geschäft gesehen hatte, aber nicht bekam, weil sie ein kleines Vermögen kosteten. Da die Danningereltern stur blieben, fragte Karin schließlich meinen Vater, ob er ihr nicht das Geld für die neuen Ski leihen könne. Sie würde es ihm auch garantiert zurückzahlen, wenn sie erst mal wieder zu Hause waren. Mein erschrockener Vater, der so viel Geld gar nicht hatte, musste ihren Vorschlag wohl oder übel ablehnen. Auch die Danningereltern hätten es sicherlich nicht gut gefunden, wenn er der Karin das Geld gegeben hätte. Und so ärgerte er sich, dass die Danningertochter ihn überhaupt danach gefragt und in Verlegenheit gebracht hatte.

Karin gab sich beleidigt und war nun auch noch auf meinen anscheinend knauserigen Vater sauer. Und so war ihre Stimmung bereits im Keller, als völlig unerwartet ein erschöpfter junger Mann vor der Tür stand. Es war Amadeo aus Italien, einer von Karins Verehrern, der den weiten Weg aus Rom hierhergefahren war in seinem kleinen Fiat, um seine geliebte Karin endlich wiederzusehen.

Doch die Danningertochter war leider gar nicht begeistert über Amadeos Besuch, mit dem sie überhaupt nicht gerechnet hatte. Ihre Liebe zu ihm hielt sich in engen Grenzen, ihre Laune besserte sich keinen Deut, und für den müden Amadeo wurde es ein enttäuschender Abend.

Schon am nächsten Morgen fuhr er wieder zurück nach Rom.

»So ein Depp«, sagte mein Vater. »Fährt er wegen der dummen Kuh extra den ganzen Weg bis hierher.«

»Tja, selber schuld. So einem kann man auch nicht mehr helfen«, pflichtete ihm meine Mutter bei.

Herr Danninger war Richter im Amtsgericht. Er hatte im Krieg ein Bein verloren, und trotzdem begleitete er meine Eltern gern bei ihren ausgedehnten Spaziergängen. Mit seinen Krücken und dem rutschfesten Steigeisen an seiner Schuhsohle war er erstaunlich schnell unterwegs. Mein Vater war recht froh über Herrn Danningers anregende Gesellschaft, hatte er doch so manche interessante Anekdote aus dem Gerichtssaal auf Lager. Frau Danninger, die glücklicherweise nie große Lust zum Wandern hatte und lieber im Dorf und daheim bei den Weißbergers blieb, nervte meinen Vater dagegen eher.

Planten sie eine Wanderung in entlegene Bergdörfer, freute sich meine Mutter schon am Vorabend darauf, denn für sie waren das immer kleine Beutezüge.

Kaum waren meine Eltern an so einem Bergbauernhof angekommen, bekamen sie meistens einen Schluck warme Kuhmilch angeboten oder ein Stück Früchtebrot. Meine Mutter lobte den schönen Hof mit der wunderbaren Aussicht und fragte am Ende: »Habt's ned vielleicht a paar oide Sachen, die ihr nimmer brauchts? I sammel so was nämlich, so altes Zeug von früher.«

»Na, do hamma nix«, sagten die Bäuerinnen dann, aber so schnell ließ sich meine Mutter nicht abschütteln.

»A geh! Bestimmt habt's no was. Ein jeder hat doch irgendwas. Schaun's doch amal in der Scheune nach oder am

Dachboden. Vielleicht im Schuppen oder in einer Truhe? Irgendein altes Zeug hat doch ein jeder!«

Mein Vater, dem das alles eher unangenehm war, hielt sich dabei im Hintergrund, und wenn Herr Danninger mitgekommen war, gingen die beiden schon mal ein Stück voraus.

»Ein altes Kreuz vielleicht?«, insistierte meine Mutter. »Des darf ruhig ein kaputtes Gelump sein. Ich zahl euch auch was dafür.«

Dass sie für ihr kaputtes Gelump Geld bekommen sollten, gefiel den Bäuerinnen. Sie liefen los und kramten irgendwelche Altertümer hervor, ein verwittertes Kruzifix, eine uralte Schüssel, eine Votivtafel oder manchmal gar ein altes Hinterglasbild.

Jedes Mal freute sich meine Mutter diebisch über die erbeuteten Schätze, die sie dann später daheim über den Esstisch hängte.

Eines Tages, als wir zurück vom Skifahren kamen, sahen wir die Eltern den verschneiten Weg heraufkommen. Mein Vater hatte unseren leblosen Dackel auf dem Arm und meine Mutter Tränen in den Augen.

»Nicki!«, schrie meine Schwester und begann zu weinen.

»Er ist einfach umgefallen«, sagte meine Mutter. »Einfach so beim Spazierengehen.«

»Na ja, ein schöner Tod eigentlich«, murmelte mein Vater.

»Er hat ein schönes Leben gehabt bei uns«, schniefte meine Mutter.

Daheim in unserer Pension legte mein Vater den steifen Hund in eine Obstkiste und lieh sich von Herrn Weißberger einen Spaten.

»Am besten, ich vergrab ihn ein Stück weit oben auf dem Berg«, schlug er vor. »Wer mag mitkommen?«

Beate und ich wollten mitkommen. Wir wollten doch sehen, wo das Grab von unserem Hund sein würde und Abschied nehmen von ihm. Meine Mutter blieb lieber zu Haus, aber sie hatte dem toten Nicki schnell noch sein Lieblingsspielzeug in die Schachtel gelegt, seinen roten Ball und den angekauten Gummiknochen.

Und so stapften meine Schwester und ich hinter dem Vater her auf den verschneiten Hügel. Mein Vater schleppte die Kiste mit dem Hund, und ich durfte den Spaten tragen. Immer weiter ging es den unwegsamen Pfad hinauf, bis mein Vater endlich stehen blieb.

»So, das reicht.« Schnaufend stellte er die Kiste ab. »Ganz schön schwer, so ein Hund.« Beate begann wieder zu weinen, und mein Vater sagte: »Wir sollten ihn möglichst tief eingraben, sonst holt ihn der Fuchs. Fang du schon mal an, du hast ja den Spaten.«

Ich stieß den Spaten mit Schwung in die gefrorene Erde, doch der Boden war steinhart, und ich kam nicht voran.

»Gib mal her«, sagte mein Vater, nahm mir den Spaten aus der Hand, rammte ihn schwungvoll gegen die harte Erde und trat ein paarmal mit seinem Fuß drauf, mit seinen weichen Schuhen aus Seehundfell, die eine Stange Geld gekostet hatten, obwohl sie im Angebot gewesen waren.

»Mist«, sagte er. »Das geht nicht. Wir brauchen eine Hacke. Ich geh los und hol sie. Und ihr wartet hier, verstanden?«

»Echt?«, fragte ich.

»Aber es wird schon dunkel«, sagte Beate, die sich zu fürchten begann. »Ich komm lieber mit.«

»Nein, ihr bleibt beide hier«, bestimmte unser Vater. »Keine Widerrede. Allein bin ich viel schneller. Ihr passt auf den Hund auf, ich bin gleich wieder da.« Schon war er weg.

»Wieso müssen wir auf den Hund aufpassen?«, fragte meine Schwester.

»Ja genau«, sagte ich, »auf einen toten Hund aufpassen ist blöd. Der läuft doch nicht weg.«

»Was machen wir, wenn der Fuchs kommt?«, fragte Beate. »Ich hab Angst vorm Fuchs.«

»Der traut sich nicht her, wenn wir hier sitzen. Ist doch klar.«

Wir setzten uns auf einen Baumstamm. Um uns herum war es totenstill, und in den Häusern unten im Dorf gingen die Lichter an.

»Hast du auch Angst?«, fragte Beate.

»Nein, noch nicht«, sagte ich und musste schlucken.

»Es ist so ruhig hier«, meinte Beate. »Ich will wieder heim. Hör mal, wie ruhig es hier ist.« Jetzt hörte ich es auch, und sofort begann ich, mich ein wenig zu fürchten.

»Der Vati kommt doch gleich wieder«, sagte ich, um uns zu beruhigen.

»Und wenn nicht?«, fragte Beate. »Wenn er gar nicht mehr kommt?«

Ich fand das nicht lustig. »So wie im Märchen, oder wie?«

Wir starrten auf die beleuchteten Fenster im Dorf und warteten darauf, dass unser Vater endlich zurückkam. Den toten Nicki in seiner Kiste trauten wir uns gar nicht mehr anzusehen, so gruselig sah der jetzt aus in der Dunkelheit.

»Und wenn er gar nicht mehr kommt?«, fragte Beate noch einmal. »Weil er nicht will? Weil er uns loshaben will?«

»So ein Schmarren«, sagte ich. »Der kommt schon noch. Der will uns doch nicht loshaben.«

»Vielleicht schon«, hörte ich Beate leise sagen, und wieder begann sie, leise zu weinen.

»Jetzt wein doch nicht«, sagte ich. »Immer weinst du.«

»Weil ich muss«, schniefte Beate. Wir saßen da und froren. »Vielleicht sollten wir doch zurückgehen«, sagte ich und stand auf. »Wir finden schon allein zurück.«

Beate schluchzte los. »Nein, das trau ich mich nicht. Der Weg ist so dunkel. Und der Vati hat gesagt ... Er wird sauer, wenn er kommt und wir sind nicht mehr da ...«

Sie hatte recht, wir waren in einer Zwickmühle. Das Bleiben war gruselig, und zurückzugehen trauten wir uns auch nicht.

Noch eine ganze Weile warteten wir, und uns wurde immer unwohler.

Endlich hatte ich genug.

»Ich geh jetzt«, sagte ich. »Und du kommst mit. Du kannst nicht allein hierbleiben. Sicher treffen wir den Vati unterwegs. Dann sag ich ihm, dass du hier Angst gekriegt hast.«

Auch Beate war aufgestanden, und gerade, als wir losmarschieren wollten, hörten wir unseren Vater den Hügel heraufschnaufen. Er hatte einen Pickel mitgebracht, den ihm Herr Weißberger geliehen hatte, und eine Taschenlampe.

»Bin wieder da«, sagte er, »hat's lang gedauert?«

»Ja schon«, sagte ich.

»Es ist so dunkel«, sagte Beate.

»Du darfst uns Licht machen«, sagte mein Vater und drückte ihr die Taschenlampe in die Hand. »Jetzt haben wir's ja gleich!«

Er wischte sich den Schweiß von der Stirn, packte den Pickel mit beiden Händen und holte weit aus. »Vorsicht, jetzt geht aus dem Weg.«

Schnell traten wir zur Seite, und er hieb den schweren Pickel mit aller Kraft in den harten Boden. Ich wunderte mich, wie kräftig er war, wo er doch noch nie irgendeinen Sport getrieben hatte. Er hackte, und ich schaufelte die Erde heraus, und endlich war das Loch groß genug.

»So, das reicht«, sagte er und lehnte den Pickel an einen Baum. Trotz der Dunkelheit konnte ich sehen, dass er schwitzte. Er legte die Kiste mit unserem Hund ganz vorsichtig in das Loch, wo sie gerade so hineinpasste. Dann schaufelten wir die Erde wieder darüber, auch ich weinte ein bisschen, und Beate legte am Ende noch ein paar Steine auf das Grab.

In Regensburg verdiente mein Vater sein Geld als Redakteur …
bei der Jugendzeitung *Der Brief*, dazu war er Herausgeber einiger Sach- und Geschenkbücher. Auf seinem Schreibtisch in unserer Wohnung wurden die Layouts für den *Brief* zusammengebastelt, er war übersät mit Papierschnipseln und Fotos, im Zimmer roch es nach dem Papierkleber Pelikanol und nach Zigarettenrauch. Zur kleinen Redaktion gehörte ein freundlicher und trinkfester Grafiker, Herr Schwarz, der wunderbar zeichnen konnte. Herr Schwarz begleitete meinen Vater nach der Arbeit gern ins Hofbräuhaus, und manchmal am Wochenende nahm er uns alle in seinem schwarzen VW Käfer mit. Dann machten wir Ausflüge zum Kloster Weltenburg, zur Walhalla in Donaustauf und in alle interessanten Wirtshäuser der Umgebung.

Am Sonntagnachmittag gingen mein Vater und Herr Schwarz hin und wieder ins Jahnstadion zum Fußball. Wenn ich mitdurfte, stand ich zwischen ihnen auf den Tribünenstufen, denn wir hatten die billigsten Stehplätze, und alle Männer um mich herum rauchten, tranken Bier aus der Flasche und rissen jubelnd die Arme hoch, wenn ein Tor gefallen war. Irgendwann spielte Jahn Regensburg gegen 1860 München, und ich sah den berühmten Radi Radenković im Tor. Dabei hatte ich seinen Hit »Bin i Radi, bin i König« im

Ohr und überlegte, wie ich an ein Autogramm kommen konnte.

Nach dem Spiel erklärte ich meinem Vater und Herrn Schwarz, dass ich mich entschlossen hatte, wie Radi eine Karriere als Fußballtorwart anzustreben. Herr Schwarz fand das eine gute Idee, und auch mein Vater meinte, er hätte gar nichts dagegen, mich bald in einem Verein anzumelden. Nein, im Gegenteil, das wär doch mal was.

Und so gingen mein Vater und ich tatsächlich eines schönen Nachmittags gut gelaunt und hoffnungsvoll ins Jahnstadion, um vor meiner Vereinsanmeldung schon mal die Jugendmannschaft bei ihrem Training zu beobachten.

Wir setzten uns auf die Stadionstufen und sahen zu, wie diese armen Kerle ihre Aufwärmübungen machen mussten, wie sie schwitzend im Kreis und im Zickzack laufen, im Stand und auf einem Bein hüpfen mussten, bis sie sich hinfallen ließen, nur um blitzschnell wieder aufzuspringen. Endlich durften sie sich ein paar Bälle zuspielen, wurden dabei aber angeschrien und angefeuert von ihrem ambitionierten Jugendtrainer, der oft und gern in seine schrille Trillerpfeife blies und sie dadurch zur Ordnung zwang.

»Hm«, meinte mein Vater naserümpfend. »Die tanzen alle nach seiner Pfeife. So ähnlich war's beim Barras auch.«

»Und bei uns im Turnunterricht«, sagte ich. »Das ist auch so ein Mist.«

Noch ein paar Minuten sahen wir der Nachwuchsmannschaft bei ihren Ballbemühungen zu und hörten den Trainer seine Kommandos rufen. Dann hatten wir genug und machten uns auf den Heimweg.

»Na, wir haben es wenigstens versucht«, meinte mein Vater.

»Genau«, sagte ich. »Hätte ja auch super sein können.«

»Sport muss Spaß machen«, erklärte mein Vater. »Sonst hat es keinen Sinn. Und wenn einen so ein Unteroffizier herumkommandiert, dann ...«

»Du machst auch nicht gern Sport, oder?«

»Ich? Doch, als Bub schon, da war ich sehr sportlich. Aber jetzt mag ich lieber Denksport.«

*

Irgendwann ist dann die Eva Mörtel aufgetaucht. Sie hat für die Mittelbayerische Zeitung *geschrieben, und Vater hat sie für seine Zeitschrift engagiert. Er hat sich in sie verknallt, und sie hat sich in ihn verknallt. Es war eine große Freundschaft zwischen den beiden, und er hat halbe Nächte bei ihr verbracht.*

Dein Firmpate, der Dobler Franz, hat einmal zu mir gesagt: »Du, die sitzen in der Nacht um zwei Uhr noch im Café Radon, in dem Tanzcafé, weißt du das überhaupt?« Das hab ich natürlich nicht gewusst. Aber ich hab den Vater in Schutz genommen und gesagt, klar weiß ich das. Sie ist seine Kollegin, und sie arbeiten zusammen.

Als ich Vater dann zur Rede gestellt habe, da hat er zu mir gesagt, ja mein Gott, ich muss mit der Frau Mörtel eben viele berufliche Sachen besprechen.

Na ja, sie hat ja nur eine halbe Seite zu schreiben gehabt in Vaters Zeitschrift, und für so eine Besprechung haben sie dann von 6 Uhr abends bis 2 Uhr nachts gebraucht? Das war doch ein Witz!

Ich hab mich sehr aufgeregt, weil das ewig so weitergegangen ist mit der Mörtel. Hab gedacht, jetzt red ich mal mit meiner Schwiegermutter darüber, da bekomm ich vielleicht irgendeine Hilfestellung, wie ich ihn behandeln soll und was ich machen kann.
Ich hab ihr erzählt, dass Eduard jetzt eine Freundin hat, mit der er ständig ausgeht, und dass es mir wirklich ganz arg ist, weil wir ja zwei Kinder haben, und ich weiß nicht, was ich tun soll.
Sie aber hat mich angeraunzt: Der Eduard wird schon wissen, warum! Es war ganz fürchterlich, sie hat sich einfach nur abgewandt, und das war's dann.

*

Immer öfter hörte man meinen Vater schimpfen über »die Deppen vom Verlag«, die ihn so schlecht behandelten und unregelmäßig und mies bezahlten. Oft machten sie ihm so großen Ärger, dass er davon Herzstechen bekam und sich hinlegen musste, weil die ihn »sonst noch ins Grab bringen«.

Irgendwann hatte er genug vom *Brief* und seinen Sach- und Geschenkbüchern, die sich nicht so gut verkauften, wie er sich das gewünscht hatte, obwohl sie so schöne Titel hatten wie »Ich hab an dich gedacht und dir etwas mitgebracht« oder »Faule Knochen und Spaghetti«.

Kaum hatte mein Vater seinen Job im Verlag gekündigt, beschloss er, das Fotografieren zu seinem Beruf zu machen. Alles Wichtige hatte er sich ja längst beigebracht, er besaß eine Leica-Kamera, und das noch fehlende Geld für seine Ausrüstung, für die Scheinwerfer und Kameras mit anderen Bildformaten lieh er sich von der Bank und von Bekannten.

Irgendwo im dritten Stock in der Regensburger Altstadt mietete er sich ein Zimmer (oder war es eine kleine Wohnung?) und richtete sich darin eine Dunkelkammer ein.

Diesen geheimnisvollen Ort durften wir nie betreten, und ich konnte mir nicht vorstellen, wie es darin aussah und was genau er da machte. Auch als ich ihn einmal dorthin begleitete, durfte ich nicht mit in seine Dunkelkammer. Er ließ mich ein Stockwerk tiefer im Treppenhaus auf ihn warten, und ich saß die ganze Zeit auf der Fensterbank, übte Weitspucken und ärgerte mich, dass er mich auch dieses Mal nicht mit hineingenommen hatte.

Seine kleine, geheime Wohnung lag in der Wahlenstraße neben der Buchhandlung Strohmaier. Seit 1961 trafen sich bei Strohmaier Leser und Autoren, darunter so bekannte Namen wie Uwe Johnson, Elias Canetti, Thomas Bernhard, Günter Grass, Ernst Jandl und Peter Handke. Mein Vater ging hier fast täglich ein und aus und war längst Stammkunde. Er hatte sich mit Strohmaier angefreundet, verbrachte lange Nachmittage und Abende mit literaturbegeisterten Freunden, und wenn sie alle genug hatten von der Literatur, zogen sie weiter zum Hofbräuhaus, das zum Glück ja gleich um die Ecke lag.

Noch wussten wir nicht, dass seine Besuche in der Buchhandlung unser Leben schon bald komplett verändern würden.

*

Die Mörtel hat ein winziges Auto gehabt, Schneewittchensarg hat man das genannt. Dein Vater hat mir freudig erzählt, dass er mit der Eva Unterwäsche einkaufen

gefahren ist. Schuhe hat sie sich auch noch gekauft, und er ist überall mit dabei gewesen.
Mit mir ist er ja nie zum Einkaufen gegangen, und wenn ich gesagt hätte, ich brauch ein paar Schuh, gehst du mit?, dann hätt er gesagt, ja spinnst du? Kannst du dir deine Schuh nicht selber kaufen?
Er hat jetzt auch immer viel Schnaps daheim gehabt, und den hat er hinter seinen Büchern versteckt, aber ich hab's gesehen. Ich hab gesagt, deinen Schnaps musst du doch nicht immer verstecken, warum tust du das?
Ich versteck ihn ja nicht, war seine Antwort, ich räum ihn nur auf, da hinter den Büchern steht er doch gut. Er hat auch furchtbar viel geraucht, und auch die Mörtel hat gesoffen wie ein Loch und geraucht wie ein Schlot.

Ich war ungefähr fünfzehn, als ich wieder mal schlechte Noten mit nach Hause brachte. Mit klopfendem Herzen trat ich ins Zimmer meines Vaters, um mir das Zeugnis unterschreiben zu lassen.

Sein mürrisches Gesicht zeigte mir gleich, dass seine Laune mal wieder nicht die beste war. Kaum hatte er einen kurzen Blick auf meine Noten geworfen, bekam ich auch schon eine schallende Ohrfeige.

»Was denkst du dir dabei? So etwas nennst du ein Zeugnis?«

Er war aufgesprungen und begann ganz plötzlich, wie wild auf mich einzuprügeln. Ich versuchte, mich unter seinen Fäusten wegzuducken, und merkte, wie er immer rasender wurde.

Ein Faustschlag traf mich am Kopf, ein anderer an der Brust, ich fiel rücklings gegen die Tür, sank in die Knie und spürte seine fleischigen Fäuste auf meinen Rücken eindreschen. Sein Gebrüll in den Ohren, ekelte ich mich vor dem Geruch seines massigen Körpers, konnte kaum begreifen, was da gerade geschah, und spürte eine panische Angst, er könnte den Verstand verloren haben. Ich befürchtete, er wusste nicht mehr, was er tat, und würde nicht mehr aufhören können, bis er mich am Ende totprügelt hätte.

Die Hände schützend über dem Kopf, rollte ich weinend zwischen seine Beine. Er versuchte, mich an den Haaren hochzuzerren, was ihm nicht gelang, und so begann er voller Wut, nach mir zu treten, bis ihm die ledernen Hauspantoffeln von den Füßen flogen.

»Stehst du endlich auf, du?«, hörte ich ihn brüllen, blieb aber wie in Schockstarre eingerollt liegen und spürte plötzlich gar nichts mehr. Nur noch tiefe Verachtung und eine Verzweiflung, dass mich mein Vater anscheinend so sehr hasste und zu so etwas fähig war.

Endlich hörte ich die erlösende Stimme meiner Mutter, konnte sehen, wie sie ihn von mir wegriss, blickte noch einmal ganz kurz in sein wutverzerrtes Gesicht, ehe er in den Flur lief, seine Jacke vom Haken riss und aus der Wohnung stürmte.

*

Die Mörtel war viel öfter bei uns in der Wohnung, als mir lieb war. Und der Vater war natürlich per Du mit ihr. Einmal hat er zu mir gesagt, du wirst heut Abend Rahmschnitzel kochen, weil die Eva kommt. Sie hat die ganze Woche nichts Gescheites zu essen gehabt, denn ihre Mutter ist eine Ungarin und kocht ihr sowieso nichts. Die Eva hat noch nie ein richtiges Familienleben gehabt, sie ist auf einem Frachtschiff groß geworden, ihr Vater war irgendwas beim bayerischen Lloyd und hat so große Kähne herumgefahren, und da war sie als Kleinkind immer mit auf dem Schiff.

Das alles hab ich gar nicht wissen wollen, aber er hat es mir trotzdem erzählt. Beim Spazierengehen hat er dann immer auf seine Uhr geschaut und irgendwann gemeint, so, jetzt müssen wir aber schnell heim, damit du endlich kochen kannst.

Ich hab schon etwas gemeutert, denn das war mir gar nicht recht, den ganzen Nachmittag hergeben zu müssen wegen der blöden Rahmschnitzel für die Mörtel. Er sagte: »Ich hab's ihr aber versprochen, dass wir sie einladen zum Abendessen.«

Also hab ich dann halt die Rahmschnitzel gemacht mit Nudeln und Salat und Preiselbeeren und was weiß ich.

Die Mörtel ist dann auch tatsächlich gekommen, und weißt du, was sie gegessen hat? Zwei Blatt Salat. Weil sie sonst zu dick wird, hat sie gemeint, und das war's dann.

Nachdem mich mein Vater verprügelt hatte, ging ich ihm, so gut es ging, aus dem Weg. Auch er blieb mir gegenüber mürrisch und abweisend, redete kaum noch und machte keine Anstalten, das Ganze wieder ins Lot zu bringen. Ich spürte, dass etwas zwischen uns zerbrochen war, und mir war klar geworden, dass ich nach dieser Eskalation meinen Vater endgültig verloren hatte. Seine Nähe wurde mir unerträglich, ich wünschte mich weit weg und hasste ihn.

Ganz unerwartet schlug er mir dann eines schönen Tages

eine gemeinsame Bergwanderung vor. Nicht er selber, nein, meine Mutter überbrachte mir diesen ungewöhnlichen Vorschlag in seinem Namen. »Dein Vater hat gesagt, er möcht mit dir für ein paar Tage ins Gebirge, zum Wilden Kaiser. Er stellt sich das so schön vor, wenn ihr zusammen eine Woche lang durch das Wilde-Kaiser-Gebirge wandert. Und abends übernachtet ihr in irgendeiner Berghütte. Das wäre doch was, meinst du nicht auch?«

»Nein, mein ich gar nicht«, sagte ich. Allein der Gedanke daran versetzte mich in Angst und Schrecken, und ich konnte kaum glauben, dass er es ernst meinte mit seinem Vorschlag.

Als er mich kurz darauf tatsächlich selber noch einmal darauf ansprach, stellte sich heraus, dass das Ganze eine Idee meiner Mutter gewesen war. Sie dachte, es sei höchste Zeit, unser Vater-Sohn-Verhältnis wieder einzurenken, und so eine Bergwanderung wäre dafür genau das Richtige.

Als ich erklärte, dass ich die Ferien lieber zu Hause mit meinen Freunden verbringen wollte, tat mein Vater enttäuscht und beleidigt. Aber bestimmt war er heilfroh, dass ihm diese Bergtour erspart blieb, denn so einfach wäre das Ganze für ihn auch nicht gewesen. Dass er mit seinem dicken Bauch auf irgendeinem Berg herumkraxelte, konnte sich sowieso kein Mensch vorstellen.

*

Wenn die Mörtel bei uns war, dann ist sie gar nicht mehr gegangen. Sie ist dagehockt bis zwölf oder ein Uhr in der Nacht, und Vater und sie haben geraucht und gesoffen wie die Blöden.

Ich bin dabeigesessen und hab in der Früh aufsteh'n

müssen um sechs, weil ihr Kinder ja in die Schul habt müssen. Die Mörtel hat gesagt, sie muss erst am Mittag anfangen zu arbeiten, und dein Vater hat ja sowieso gemacht, was er wollte.
Irgendwann hab ich gesagt: »Jetzt bestellen wir ein Taxi, und dann fährt die Eva heim. Ich muss raus in der Früh, und es wär mir schon sehr lieb, wenn eine Ruh wäre da herinnen, denn ich muss jetzt unbedingt schlafen.« Da sagt die Mörtel: »Gell, Eduard, wir brauchen sie nicht, die Annelies kann ruhig ins Bett gehen, wenn sie mag.« Stell dir so was vor. Und Vater hat ihr nicht widersprochen! Nie hat er gesagt, jetzt gehst du heim, Eva, jetzt ist es an der Zeit.
Eines Tages hat er mir dann was verkündet.
Er hat gesagt, er will versuchen, dass wir eine größere Wohnung bekommen. Dann kann die Mörtel zu uns ziehen, und wir haben eine Ehe zu dritt.
Ich war wie von den Socken. »Eine Ehe zu dritt? Was ist das denn für ein Schmarren?«, hab ich gesagt.
»Nein, die Idee ist gut«, hat Vater gesagt. »Ich hab mir gedacht, du machst den Haushalt und versorgst die Kinder, und die Eva ist dann für die geistigen Gespräche und so weiter da.«
Für die höheren Sphären ist sie dann zuständig, so ungefähr hat er das gesagt.
»Und ich bin dann euer Haustrottel«, hab ich gesagt. »Das kommt überhaupt nicht infrage.«
»Wieso denn nicht?«, hat der Vater gemeint. »Schau dir doch mal die Naturvölker an, die haben alle mehrere Frauen, das kommt bei uns schon auch noch irgendwann.

Nur unsere Regierung ist da noch so rückständig, aber du wirst es schon noch erleben, irgendwann kommt das noch, man kann die Entwicklung nicht aufhalten. Man kann doch leicht auch zwei Frauen haben, warum denn nicht? Wo ist das Problem dabei?«
»Aber denkst du nicht auch an unsere Religion?«, hab ich gefragt. »Du bist doch auch katholisch.«
Doch da hat er gelacht und sowieso drauf gepfiffen, weil die Mörtel ja auch keine Religion gehabt hat. Und solang er mit ihr zusammen war, ist er in keine Kirch mehr gegangen. Das war alles nicht mehr gut für ihn und nicht mehr gültig.
Am Ende war er höchst enttäuscht, dass ich nicht einverstanden war mit seinem Vorschlag zu einer Ehe zu dritt. Mein einziger Halt damals war die Bibel, und ich hab jeden Tag im Evangelium gelesen, sonst wär ich vielleicht zugrund gegangen. Das hat mir so einen Halt gegeben, und ich hab gedacht, jetzt mach ich mir den Jesus zum Freund, dann kann ich wenigstens mit ihm reden über diese Sachen. Ich hab ja niemanden gehabt, mit dem ich hätt reden können. Ich erinnere mich, wie mein Vater früher einmal zu mir gesagt hat: »Du, eines sag ich dir, eine andere wär dem Eduard schon längst davongelaufen!« Irgendwie hat mein Vater wohl schon etwas gespürt damals, keine Ahnung, wieso, ich hab mich ja nie über den Eduard beschwert.

Meine Mutter kümmerte sich um fast alle finanziellen Angelegenheiten. Noch immer war das Geld knapp bei uns, mein Vater lieh sich öfters etwas bei Bekannten, kam aber mit den Rückzahlungen regelmäßig in Verzug. Auch Rechnungen und Mahnungen gegenüber hatte er ein erstaunlich dickes Fell.

Als er eines Tages in mein Zimmer kam, konnte ich gleich sehen, dass er etwas auf dem Herzen hatte, was ihm unangenehm war. »Kannst du mir 600 Mark leihen?«, fragte er geradeheraus. »Du hast doch jetzt ein Geld, nach deiner Ferienarbeit.«

Ich erschrak. Gerade hatte ich zwei Wochen Ferienjob in der Essiggurkenfabrik Hengstenberg hinter mir. Hatte dort für 2 Mark 80 in der Stunde tagelang in Essiglake gestanden, gefüllte Gurkengläser von einem Förderband genommen und in bereitstehende Transportkäfige gestapelt. Die Gläser waren dabei immer schwerer geworden, bis ich sie am Ende des Tages kaum mehr hatte heben können. Ständig hatte ich die Uhr an der Wand gegenüber im Blick gehabt und verzweifelt die langen Minuten gezählt. War ich dann endlich zu Hause gewesen, bin ich nach dem Abendessen sofort todmüde ins Bett gefallen. Erst nach ein paar Tagen hatte dann irgendjemand festgestellt, dass ich noch keine sechzehn war und diese schwere Arbeit eigentlich gar nicht hätte machen dürfen. So wurde ich endlich in eine andere Abteilung versetzt, aber die Essigbrühe auf dem Fußboden hatte mir die neuen Sandalen längst ruiniert.

»Du kriegst es auch in drei Wochen garantiert zurück«, versprach mir mein Vater.

»Ich will mir aber eine Elektrogitarre kaufen«, erklärte ich ihm.

»Die kannst du dir in drei Wochen ja immer noch kaufen.«

Ich wusste, dass er so gut wie nie pünktlich zurückzahlte. »Ich würd dich nicht fragen, wenn's nicht so wichtig wäre. Also?«

Ich kramte das Geld aus der Schublade und gab es ihm.

»Aber sag deiner Mutter nichts«, meinte er. »Sie braucht nichts davon zu wissen. Das ist mir peinlich, und sie regt sich nur wieder auf.«

Drei Wochen lang schwankte ich zwischen Hoffnung und Verzweiflung.

»Die drei Wochen sind um«, sagte ich schließlich zu ihm. »Kann ich jetzt mein Geld wiederhaben?«

»Ach? Schon? Wie schnell die Zeit vergeht! Ist das nicht unglaublich? Nächste Woche kriegst du es zurück, ganz bestimmt.«

Ich kann mich nicht daran erinnern, wann ich es zurückbekommen habe. Aber eine E-Gitarre habe ich mir tatsächlich irgendwann gekauft, eine gebrauchte, weiße Höfner-Gitarre, die der Wolf ausgemustert hatte. Der Wolf ging in meine Klasse, war drei Jahre älter als wir anderen und spielte Tanzmusik in einer Band. Er zeigte mir die Akkorde zu »Proud Mary«, und wenn er am Abend einen Auftritt gehabt hatte, sah ich ihn am nächsten Tag müde, aber total glücklich in der Schulbank sitzen.

Als Fotograf kam mein Vater gerade so über die Runden ...

Manchmal fuhr er mit dem Zug nach München und machte auf dem Parteitag der CSU Fotos. Sein Freund Hubert hatte ihm diesen Job verschafft, der war CSU-Mitglied und nah dran am Parteivorsitzenden Franz Josef Strauß.

Eines Tages verkündete uns mein Vater: »Kinder, haltet

euch fest. Wir ziehen bald um nach München.« Beate und ich fielen aus allen Wolken.

»In München hat euer Vater viel größere Chancen«, erklärte unsere Mutter. »Da ist er näher an der CSU-Zentrale und kann als Fotograf bestimmt Karriere machen.«

»In München trifft sich die Welt«, sagte mein Vater. »Denkt nur an Schwabing und die vielen Künstler, die Maler und Musiker, das wird euch bestimmt gefallen.«

Ich war sechzehn und nicht gerade glücklich, mein gewohntes Umfeld und meine Freunde verlassen zu müssen. Außerdem war ich gerade frisch verliebt in Lisa, die ich beim Beat-Nachmittag in einer Tanzschule kennengelernt hatte. Nach der Schule schlürften wir Milchshakes in der Eisdiele, hörten »Proud Mary« aus der Musikbox und schauten uns traurig in die Augen.

Aber ich war auch neugierig auf die Großstadt, freute mich auf die Rockkonzerte im Zirkus Krone und auf die tollen »Boutiquen« mit Hippie-Klamotten, von denen man mir erzählt hatte und die es im altmodischen Regensburg noch gar nicht gab. Und natürlich war ich gespannt auf die berühmte Leopoldstraße, wo Maler ausstellten und Straßenkünstler unterwegs waren.

Den wahren Grund unseres Umzugs hatte uns mein Vater nicht verraten, den erfuhren wir erst viel später.

*

Man hat Vater in der Strohmaier-Buchhandlung ein Angebot gemacht aus der Ostzone, aus der DDR. Vater hat nämlich einen Freund gehabt in München, den Hubert, der war ein Mitarbeiter vom Franz Josef Strauß und hat

ihm immer so allerhand erzählen können, was da los war bei der CSU und beim Strauß.
Die von der Ostzone haben dem Vater zwanzigtausend Mark angeboten, wenn er als Fotograf nach München geht und dort weiterhin viel für die CSU arbeitet.
Und weil er ja den Hubert so gut kennt und dadurch total an der Quelle der CSU ist, soll er immer wieder Briefe schreiben an die Ostzone, von den Sachen, die er in Erfahrung bringen kann.
Wenn er in München wohnt, ist er näher dran an der CSU und kann immer die neuesten und vielleicht auch internen Sachen erfahren und in die Ostzone liefern.
Er soll weiter als Fotograf für die CSU arbeiten und möglichst nah am Geschehen sein und an Franz Josef Strauß, den er ja auch schon persönlich ein bisserl kennt.
Er muss nur gut aufpassen und seine Berichte schreiben einmal im Monat. So hat man es dem Vater damals angeboten, und er hat Ja gesagt dazu.
Er war auch einverstanden mit den zwanzigtausend Mark, das war ja viel Geld für uns, und so sind wir dann umgezogen nach München. Wir haben auch gleich eine Wohnung gefunden, unser Reihenhaus mit dem kleinen Garten, das mir sofort gefallen hat. Von dem DDR-Geld haben wir eine ganze Zeit leben können, wir haben ja auch noch jeden Monat Geld bekommen von der DDR, ich glaub vierhundert Mark waren das.
Vater hat viel für die CSU fotografiert. Er war auch auf allen Parteitagen und hat sich oft mit dem Hubert getroffen und ihn ein bisserl ausgefragt, so konnte er immer seine Berichte schreiben.

Was alles in Vaters Berichten gestanden hat, das weiß ich nicht. Er hat es mir nie gezeigt und auch nicht darüber geredet, das durfte er ja nicht. Keine Ahnung, ob das nur ein Schmarren gewesen ist, oder ob er da auch mal was Wichtiges erfahren hat. Aber dass er seine Freundschaft zu dem Hubert so ausgenützt hat, um an seine Informationen zu kommen, das war schon so eine Sache. Wie kann man einen Freund nur so ausnützen? Keine Ahnung, was sich der Vater dabei gedacht hat.
Aber ich war auch froh über das Geld, das wir bekommen haben, und natürlich hab ich gewusst, was Vater da macht, aber das Wort Spionage ist nie gefallen, obwohl er ja eigentlich schon ein Spion war, wenn auch nur ein kleiner.

*

Bald wohnten wir in einer neu gebauten Reihenhaussiedlung im Münchner Vorort Ottobrunn. Hier gab es ein »Hotel Atlantic« und eine kleine Boutique, und in der »Eisdiele Romana« konnte man sich gut verabreden. Das einzige neusprachliche Gymnasium weit und breit lag leider in Harlaching und somit hatte ich einen ziemlich weiten Schulweg mit Fußmarsch zur Bushaltestelle, einer Fahrt mit dem Bahnbus nach München zum Rosenheimer Platz, dann weiter mit der Trambahn die Grünwalder Straße hinaus nach Harlaching. Die S-Bahn wurde erst 1972 gebaut, zu den Olympischen Spielen.

Ich hatte mir einen blauen Schlapphut besorgt (so einen hatte auch Mick Jagger) und lief in einem braunen Ledermantel aus dem Secondhandladen herum. Ich hörte LPs von den Stones und Bob Dylan, im Kino lief »Easy Rider«, und der Song »Born to be wild« von Steppenwolf war überhaupt das Größte.

Schon kurz nach dem Umzug nach Ottobrunn traten tatsächlich Steppenwolf im Zirkus Krone auf. Ich saß glücklich im Publikum, als sie ihr »Born to be wild« spielten, und war mit Gott und der Welt im Reinen.

Schnell hatten Beate und ich in Ottobrunn neue Freunde gefunden.

Zwei Brüder hatten zu Hause einen kleinen Kellerraum, den wir mit Matratzen auslegten. Dort rauchten, tranken und knutschten wir, was das Zeug hielt, und träumten von Woodstock, wo wir alle so gern dabei gewesen wären.

Irgendwann lernten wir Guido kennen. Guido fand Gefallen an unserer lustigen Truppe, und die Mädchen gefielen ihm ganz besonders. Aber vor allem kannte er sich gut mit Haschisch aus.

Eines Tages bekam jeder von uns einen kleinen, getrockneten Brocken Haschisch, nur mal so zum Probieren. Wir sollten das Zeug nicht rauchen, sondern essen. Neugierig spülte ich das scheußlich schmeckende Bröckchen mit etwas Cola hinunter und wartete auf seine Wirkung, aber es passierte gar nichts.

Irgendwann ging ich nach Hause zum Abendessen, und kaum hatte ich mir die Kartoffeln und das Schnitzel auf den Teller geladen, geschah es.

Die Dinge auf dem Tisch bekamen ein merkwürdiges Eigenleben, ich starrte mein Wasserglas an, das plötzlich total interessant und neu für mich aussah. Was für eine faszinierende

Form es hatte, und seine Klarheit und Lichtdurchlässigkeit waren geradezu magisch. Ich dachte angestrengt darüber nach, wie man etwas so Wundervolles wie ein total durchsichtiges Glas überhaupt erfinden konnte.

»Was ist los, was grinst du so?«, fragte mich mein Vater. »Stimmt etwas nicht?«

»Nein, nein, alles bestens«, sagte ich schnell. »Musste nur an was Witziges denken.«

»Ich kenn auch noch einen«, sagte mein Vater. »Findet einer eine Schnecke auf dem Teppich. Er nimmt sie und wirft sie aus dem Fenster. Nach einem halben Jahr klopft es an der Tür, draußen steht die Schnecke und sagt: ›Mach das nie wieder, hörst du?‹«

»Und wo ist da der Witz?«, fragte meine Mutter.

Ich durfte endlich losprusten, und auch Beate kicherte, während sie den Zitronensaft auf ihr Schnitzel träufelte.

Die Gabel in meiner Hand ließ sich nicht verbiegen, sosehr ich es auch versuchte, und das intensive Grün unseres Blattsalats war wirklich außergewöhnlich schön. Auch das bäuerliche Muster auf unserem Vorhang faszinierte mich, und ich hätte es mir stundenlang ansehen können.

Irgendwie habe ich dieses Abendessen überstanden, danach zog ich noch einmal los, zur nahen Wiese, wo wir uns verabredet hatten.

Auch bei meinen Freunden zeigte das Haschisch inzwischen seine Wirkung, und wir alle lachten, kicherten, prusteten und krähten so laut und hemmungslos herum, dass es eine Freude war.

Guido hatte uns immer wieder erklärt, dass Haschisch total harmlos sei. Dass man es in kleinen Pfeifen pur rauchen konnte oder vermischt mit Tabak zu einem Joint gedreht. Und natürlich auch essen, vielleicht eingebacken in Kuchen oder Plätzchen.

Guido verkaufte uns kleine, praktische Haschischpfeifen, und wenn wir den scharfen Rauch der glimmenden Haschbrösel inhalierten, stach es in den Lungen.

»Am Morgen ein Joint, und der Tag ist dein Freund«, hatten wir bei »Easy Rider« gelernt. Und gut gegen den Schulstress war das Zeug allemal. Also *don't worry, be happy!*

Guido selber hatte ständig Haschisch zur Verfügung, angeblich von irgendeinem Dealer aus Schwabing, den keiner von uns kannte. Jedenfalls versorgte er uns nun in schöner Regelmäßigkeit mit dem »Shit«, den wir ihm alle brav abkauften.

Bald rauchten wir täglich, aber Guido versicherte uns, dass das Zeug anders als Alkohol null süchtig mache, und am nächsten Tag habe man kein Kopfweh und keinen Kater.

Haschisch war allgegenwärtig und gehörte einfach dazu. Popgruppen wie The Greatful Dead sangen Loblieder darauf, wir träumten von einer friedlichen Welt, *Love and Peace*, Freiheit und Liebe, *Sex and Drugs and Rock 'n' Roll*.

In München rauchte man Haschisch im Englischen Garten, wo sich die Gammler, Hippies und Musiker trafen. Auch entsprechende Teestuben gab es und ein mehrstöckiges, verqualmtes Lokal in der Innenstadt, wo man ganz selbstverständlich Drogen kaufen konnte. Eines Tages besuchte ich mit zwei Freunden eine Gerichtsverhandlung im Justizpalast. Ein Drogenschmuggler war im Zug gefasst worden und sollte nun verurteilt werden. Als Beweismittel stand eine große Metallkanne vorne auf dem Richterpult. Sie war aufgebrochen, und man konnte den darin versteckten, lehmartig getrockneten Haschischklumpen sehen.

Die Verhandlung sollte in ein paar Minuten beginnen, ein Polizist stand neben der Haschkanne und bewachte sie. Wir drei Freunde gingen nach vorne zum Richtertisch, verwickelten den Polizisten in ein kurzes Gespräch, und er gab bereitwillig Auskunft.

Als wir wieder zurück zu unseren Plätzen gingen, hatte Rolf ein Stück Haschisch aus der Kanne gebrochen und in seiner Hosentasche verschwinden lassen.

Jetzt wussten wir, dass wir uns auch kostenlos Haschisch besorgen konnten, wir mussten dazu nur in einen Gerichtssaal gehen.

*

Ronald hatte als Erster ein kleines Auto, einen Renault 4.

Mit ihm fuhren wir eines Tages zu fünft nach Regensburg.

Ein paar Tage wollten wir bleiben, Geld hatten wir nur wenig, aber wir hatten unsere Schlafsäcke dabei und zwei Gitarren.

Auch das Wetter spielte mit, und ich hatte den Plan, bei meiner anderen Oma im Garten zu übernachten.

Erst mal aber ging es in den kleinen Regensburger Stadtpark, wir rauchten Zigaretten und stimmten unsere Gitarren. »Verdammt«, sagte Rolf, »ich hab das Hasch vergessen. Hat jemand von euch was dabei?« Nein, niemand hatte etwas mitgenommen, was schon blöd war, und so überlegten wir hin und her, bis Alf sich schließlich entschloss, mit dem Renault schnell noch einmal zurück nach München zu fahren, um den *Shit* aus dem Keller zu holen. Und er war schon fast weg, als wir unter der Bank, auf der wir uns niedergelassen hatten, plötzlich ein Stück getrocknetes Haschisch entdeckten. Und nicht weit davon entfernt lag sogar noch ein zweites. Dass man Haschisch in Regensburg einfach unter einer Parkbank finden konnte, erstaunte sogar uns.

Ich hatte meinen Freunden von meiner anderen Oma erzählt, von ihrer Gastfreundschaft und ihrem großen Garten, wo wir wunderbar unsere Schlafsäcke ausrollen konnten. Nur meine Oma wusste noch nichts davon, die wollte ich überraschen, und so zogen wir frohgemut in Richtung Stahlzwingerweg.

Als die »andere Oma« meine langhaarigen Freunde vor ihrer Tür stehen sah, erschrak sie. Das mit dem Übernachten fand sie keine gute Idee. Sie nahm mich zur Seite und begann zu flüstern.

»Weiß denn der Eduard davon? Dein Vaddi? Dass ihr hier im Garten schlafen wollt?«

»Dem hab ich nichts gesagt, das geht ihn doch gar nichts an, oder?«

»Hab ich mir schon gedacht. Aber das geht nicht. Und hier im Haus hab ich doch gar keine Betten für euch.«

»Brauchen wir doch nicht. Wir haben unsere Schlafsäcke. Wir wollen uns einfach so auf das Gras im Garten legen.«

»Nein, das geht nicht! Wenn das dein Vaddi erfährt, der wird mir schön den Marsch blasen. Der will das sicher auch nicht.«

»Der muss das doch nicht erfahren. Das geht schon, das ist gar kein Problem für uns.«

»Nein, das kann ich nicht machen. Was denkst du dir? Wir sind doch hier kein Militärlager!«

»Aber für ein Hotel haben wir kein Geld.«

»Fahrt's halt wieder heim, wenn ihr kein Geld für ein Hotel habt's! Oder geht's in eine Jugendherberge!«

Meine Oma blieb stur. Aber sie lud uns für den nächsten Tag, falls wir dann noch da wären, zum Mittagessen ein.

Ich versprach, sie gleich am nächsten Morgen anzurufen.

Dass wir nun doch kein Übernachtungsquartier hatten, trugen meine Freunde mit erstaunlicher Fassung. In eine Jugendherberge wollten wir nicht. Den ganzen Abend drückten wir uns in einer Diskothek herum. Schließlich kamen wir mit zwei netten Typen ins Gespräch, die uns in ihre WG in der Thundorferstraße einluden, nicht weit entfernt, direkt an der Donau.

In einer heruntergekommenen Altbauwohnung lebten hier ein Dutzend Leute zusammen. Noch heute denke ich gern an ihre unerwartete Gastfreundschaft. Man hieß uns auch mitten in der Nacht herzlich willkommen, schenkte uns Lambrusco ein, wir mussten noch einmal die Gitarren auspacken und unsere Leonard-Cohen-Lieder singen. Und am nächsten Tag gab es auch noch ein spätes Frühstück mit Kaffee und Marmeladenbrot.

Das mit meiner anderen Oma hat dann auch noch gut geklappt. Am Nachmittag saßen wir im kleinen Festsaal der Schützen »Zum großen Stahl«. Die Oma bewirtete uns mit Schweinebraten, Knödeln, Nusskuchen, Schlagsahne, Limo und Bier. Naturgemäß aß sie selber keinen Bissen davon, setzte sich nur kurz zu uns an den langen Schützen-Tisch und sagte: »Esst's nur. Lasst es euch schmecken. So ist es recht. Der Eduard, sein Vater«, (sie deutete auf mich), »der hat auch immer einen so guten Appetit gehabt.«

»Den hat er immer noch«, sagte ich.

»Ja, fett ist er geworden«, sagte meine Oma. »Das liegt halt daran, dass ihm deine Mutter nicht das Richtige kocht.«

Die Schulnoten wurden durch den regelmäßigen Haschischkonsum nicht besser. Aber mein Vater fragte mich sowieso nicht mehr so oft nach irgendwelchen Noten, und wenn, dann schummelte ich einfach.

Meine Freundin war jetzt seit Monaten als Austauschschülerin in Amerika, und unsere vielen Briefe gingen per Luftpost hin und her über den Ozean.

Und so lag ich mal wieder auf meiner Matratze, las einen Brief aus den USA, als die Tür aufflog und mein Vater ins Zimmer stürmte.

»Wo hast du das Zeug?«, stieß er hervor. »Wir wissen alles. Gib es zu! Leugnen hilft dir nichts, das macht alles nur schlimmer.«

»Wie? Was ist denn passiert?«

»Du weißt genau, was ich meine. Wenn hier die Polizei auftaucht, will ich nicht, dass sie bei uns Rauschgift finden. Also gib es mir! Wo hast du das Zeug versteckt?«

Er begann, die Schubladen meines Sekretärs aufzureißen, konnte aber nichts finden, denn tatsächlich hatte ich kein Krümelchen Hasch mehr im Haus. Er entdeckte die Haschischpfeife und steckte sie ein.

»Du hast das Zeug vom Guido«, wusste mein Vater. »Die Polizei hat ihn heute festgenommen.«

»Echt?«

»Er ist ein Krimineller. Und mit so einem bist du befreundet. Ich fasse es nicht!«

»Er ist verhaftet worden? Woher weißt du das?«

»Von seiner Mutter. Sie ist völlig von den Socken. Sie weiß, dass eure ganze Clique Haschisch von ihrem Herrn Sohn bezogen hat. Er ist ein Rauschgifthändler.«

»Ist das nicht ein bisschen übertrieben …?«

»Ein Rauschgifthändler! Ein Drogensüchtiger! Ein Krimineller! Ein Wahnsinn! Und wir stecken mit drin!«

Tatsächlich war Guido im Reihenhaus seiner Mutter festgenommen worden, nur ein paar Häuser von unserem entfernt. Er hatte, was wir nicht wussten, auch mit LSD und anderen härteren Drogen in größerem Stil gedealt.

Das Haschischrauchen haben wir dann alle nach und nach aufgegeben, aber Zigaretten rauchten wir natürlich weiter. Überall wurde damals geraucht. Kneipen, Musiklokale und Kleinkunstbühnen waren oft völlig verqualmt. Damit die Sänger weitersingen und die Kleinkünstler durchhalten konnten, damit die wenigen Nichtraucher nicht tot umfielen, wurden in der Pause zum Lüften einfach kurz die Fenster aufgemacht.

Bei privaten Festen traf man die interessantesten Leute sowieso immer draußen auf dem Balkon beim Rauchen.

Ich erinnere mich, dass mir mein Vater, als ich gerade sechzehn geworden war und ab jetzt auch offiziell rauchen durfte, eine Zigarette anbot. Ein fast feierlicher Moment, in dem ich mich sehr erwachsen und ernst genommen fühlte.

*

Kaum waren wir in München, da hat er den Kontakt zu Strohmaier regelrecht abgebrochen. Nicht mal mehr zum Geburtstag hat er ihm eine Karte geschrieben. Ich hab gesagt: »Was ist denn los, jetzt schreib doch mal eine

Karte!« Doch er hat nicht darauf reagiert, und dann hab ich selber eine geschrieben. Jedenfalls haben wir nie mehr Kontakt zu Strohmaier gehabt, und das war schon komisch. Kann sein, dass da so eine Art Kontaktsperre war, dass er ihn einfach nicht mehr treffen durfte, was weiß ich.

Im Keller unseres Reihenhauses hatte sich mein Vater seine Dunkelkammer eingerichtet, und der Hobbyraum wurde zu seinem kleinen Fotoatelier. Nebenan in der Waschküche wässerte er seine Fotos, legte sie in die Trockenpresse und retuschierte sie mit schwarzer und weißer Tubenfarbe oben am Esstisch.

Noch immer war er zu seinen Terminen zu Fuß unterwegs, mit dem Bus und selten auch mal mit dem Taxi, und oft sah man ihn schwitzend die schweren Fototaschen und Stative durch die Gegend schleppen.

*

Einmal, ganz am Anfang, als es darum ging, ob wir nach München gehen sollten, da ist einer aus der Ostzone bei uns aufgetaucht. Herr Fuchs hat er geheißen, glaube ich. Vater war noch nicht da, und ich hab gesagt, er käme gleich. »Setzen Sie sich erst mal ins Wohnzimmer, Herr Fuchs.« Ich hab ihm einen Tee gemacht, aber er wollte keinen. Ist nur so dagesessen und hat nichts gesagt. Auch ich hab nicht recht gewusst, was ich die ganze Zeit mit ihm reden soll.

»Na ja, Sie haben ja alles bei Ihnen in der DDR«, hab ich gesagt. »Außer Bananen. Bananen gibt es leider nicht bei Ihnen, oder?«

»Ist schon recht«, hat der Herr Fuchs gesagt und sonst nichts weiter.
Na ja, irgendwann ist Vater dann gekommen und mit dem Herrn Fuchs in sein Arbeitszimmer gegangen. Keine Ahnung, was sie da geredet haben, er hätte es mir auch nicht sagen dürfen.
Später hat mir der Vater erzählt, dass sie unsere Familie drei Monate lang beobachtet haben, bevor wir nach München durften und bevor sie Vater die Berichte haben schreiben lassen. Sogar euch Kinder haben sie ausspioniert, du warst damals fünfzehn oder so. Ich glaub, sie haben halt wissen wollen, ob bei uns auch alles in Ordnung ist und ob Vater für den Auftrag geeignet war.

In den Urlaub fuhren wir nicht mehr ...

Auch die kostenlosen Ferien an der Ostsee, die meinen Eltern von der DDR angeboten wurden, lehnte mein Vater dankend ab, weil er befürchtete, seine Bekannten und Verwandten könnten nachfragen, und Komplikationen wollte er unbedingt vermeiden.

In der CSU-Zentrale ging er fröhlich ein und aus, kannte Franz Josef Strauß schon bald persönlich und bekam einen Bierkrug mit Widmung von ihm geschenkt. Die beiden glichen sich schon rein äußerlich, und man kann sich gut vorstellen, dass Strauß die Eloquenz und große Allgemeinbildung meines Vaters gefiel und er ihn als Gesprächspartner durchaus schätzte.

»Jetzt machen Sie schneller!«, ermahnte Strauß meinen Vater bei einer privaten Fotosession. »Ich bin doch kein Fotomodell.«

»Und ich bin kein Schnellfotograf«, konterte mein Vater.

Einmal nahm ihn Strauß mit nach Nürnberg in einem kleinen Privatflugzeug, das er selber steuerte. Am nächsten Tag beim Mittagessen erzählte uns mein Vater begeistert von diesem Erlebnis. Ein schönes Gefühl sei es gewesen, so hoch oben in der Luft, und den Flugkünsten von Herrn Strauß hatte er vollkommen vertraut, da der glücklicherweise ein ganz hervorragender Pilot gewesen ist.

Sicher hatte er auch bei dieser Gelegenheit wieder brauchbares Material für seine DDR-Briefe bekommen, aber das erzählte er uns natürlich nicht.

*

Mein Vater verreiste nur, wenn es sein musste. In seinem ganzen Leben war er nirgendwo anders gewesen als in Österreich und Italien. In Begleitung eines Bekannten war er zum Fotografieren nach Italien gefahren, beseelt kam er zurück, schwärmte vom guten Essen dort und von der angenehmen Gastfreundschaft. Der Bürgermeister persönlich hatte ihnen seine kleine Stadt gezeigt, hatte sie herumgeführt zu den schönsten Aussichtspunkten, damit sie auch wirklich die richtigen Fotomotive fanden. Ständig hatte er ihnen irgendwelche Fotomotive aufdrängen wollen, und es war schwierig gewesen, ihn abzuschütteln. Trotzdem war der Bürgermeister ein sehr netter Mensch gewesen, und am Abend bei Wein und Scampi auf der Piazza hatten sie festgestellt, wie schön das Leben sein konnte.

Aus Siena hatte mein Vater kleine, bunte Flaggen mitgebracht, mit den Farben der Stadtbezirke, die beim Palio teilnahmen, dem berühmten Pferderennen im August. Stolz stellte er sie oben in seinem Ottobrunner Dachzimmer auf, wo es im Sommer so heiß werden konnte wie in ganz Siena nicht.

Aber trotzdem fühlte sich mein Vater immer am wohlsten daheim zwischen seinen Büchern. Er war ein Sofa- und ein Büchermensch, und sein breit gefächertes Wissen war erstaunlich. In unserer Verwandtschaft nannte man ihn »das wandelnde Lexikon«, jeder kannte ihn als belesenen

Geistesmenschen, der alles Wissenswerte aufsaugte und nie mehr vergaß. Er verstand die Welt in ihren historischen Zusammenhängen, interessierte sich brennend für Geschichte und natürlich für die deutsche Literatur.

»Wie heißt es schon so schön bei Goethe ...«, hörte man ihn sagen oder »Auch Thomas Mann sagte schon ...«.

Für jede Lebenslage hatte er eine passende Anekdote parat, und beim Spazierengehen in der Natur interessierten ihn nicht die Vögel, Bäume oder Berge, nein, er dachte an die Literaten und Schriftsteller, die genau an dieser Stelle auch schon einmal gewandelt waren.

Mich beeindruckte sein immenses Wissen nur mäßig, empfand ich es doch oft als Besserwisserei, wollte nicht ständig belehrt werden und hätte mir einen ganz normalen, einfach gestrickten Vater gewünscht, dem man auch mal seine Sorgen und Wünsche anvertrauen konnte. Mit unserem ungeduldigen und reizbaren Vater konnten wir ja kaum die alltäglichsten Dinge besprechen.

Mein Vater pflegte keine Freundschaften, so etwas war ihm lästig und viel zu anstrengend. Obwohl er sehr leutselig sein konnte, blieb er unverbindlich und hatte wenig engere Kontakte. Ich erinnere mich aber an ein paar interessante Leute, die manchmal bei uns zu Besuch waren.

Als wir noch in Regensburg wohnten, verzauberte uns der bekannte Illusionist Adrian eines Abends im Wohnzimmer mit einer kleinen Privatvorstellung. Er verwandelte Bälle in Konfetti und ließ unsere Kuscheltiere und die Eheringe meiner Eltern verschwinden.

Auch der wunderbare Münchner Schauspieler und Theaterleiter Philip Arp saß manchmal bei uns auf der Couch. Er beeindruckte mich mit der Behauptung, er besäße einen echten, getrockneten Schrumpfkopf, den ein Freund – oder war er es selber? – von einer Südseereise mitgebracht hatte.

Ein anderer guter Bekannter war Herr Kopenzi, der in Ottobrunn eine Werbeagentur hatte. Er war mit einer hübschen Frau verheiratet, die »leider nur Leberwurstbrote, aber sonst nichts« kochen konnte, weshalb er das deftige Essen meiner Mutter umso mehr zu schätzen wusste. Als Sohn russischer Einwanderer nannte er sich Lodorow, fuhr in seiner Freizeit auf einer Segeljacht in der Ägäis herum und malte große Ölbilder, denen er danach Töne und Klangbilder zuordnete.

*

Keine Ahnung, wieso mein Vater nach einem Jahr in Ottobrunn und trotz der monatlichen Zuwendungen aus der DDR schon wieder in Geldschwierigkeiten war. Gut, er hatte er sich teure Hasselblad-, Minolta- und Leica-Kameras angeschafft, aber wieso waren seine kompletten Geldreserven verbraucht? Der Hausbesitzer musste schon mal auf seine Miete warten, und die fälligen Rechnungen wurden auch nicht alle bezahlt.

Ich war allein zu Hause, als ein Gerichtsvollzieher klingelte und nach meinen Eltern fragte. Ohne zu zögern, trat er ins Wohnzimmer, zückte ein Formular, erklärte mir, dass eine längst fällige Summe trotz Mahnungen nicht bezahlt worden war, und fragte mich, ob ich ihm das Geld geben könne. Ich sagte ihm, dass bestimmt kein Geld im Haus sei, er öffnete seine Mappe, holte ein paar kleine, rote Aufkleber heraus, und schaute sich im Zimmer um.

»Na, dann lassen wir mal die Kuckucke fliegen«, sagte er lächelnd, und er klebte einen ersten roten Aufkleber auf unsere Stehlampe.

»Die gehören alle deinen Eltern?«, fragte er und zeigte auf die Bierkrüge in der Hängevitrine.

»Na klar«, sagte ich, »mein Vater sammelt sie.«

Also kam ein zweiter Kuckuck auf das Türchen der Vitrine, das man jetzt nicht mehr öffnen konnte, ohne den Aufkleber zu zerreißen. Auch unser Sofa bekam einen Kuckuck, das neue dänische Sofa, auf das meine Eltern so stolz waren und zu dem die beiden Sessel mit den breiten Holzarmlehnen gehörten, die merkwürdigerweise keinen Kuckuck bekamen. Dafür aber unser Miró-Bild, der Druck, der über dem Sofa hing.

»Na, dann hoffentlich auf ein Nimmerwiedersehen«, meinte der Mann, als er sich endlich verabschiedete.

Als meine Eltern nach Hause kamen und die roten Kuckucke sahen, schlug meine Mutter die Hände über dem Kopf zusammen und begann zu weinen. Auch mein Vater machte ein betroffenes Gesicht, beschimpfte den Gerichtsvollzieher als unverschämten Idioten. Wie konnte der es wagen, hier in seiner Abwesenheit Sachen zu pfänden, wo das alles doch nur ein Irrtum war, denn selbstverständlich hatte mein Vater das fällige Geld und hatte lediglich vergessen, es zu überweisen, vielmehr meine Mutter hatte das vergessen, denn die hätte sich schließlich darum kümmern sollen.

»Nein!«, protestierte meine Mutter. »Du wolltest dich darum kümmern. Da bin ich ganz sicher, du hast es versprochen, das weiß ich noch genau, und ich hab mich darauf verlassen.«

»Was für ein Unsinn!«, rief mein Vater. »Das war deine Aufgabe! Ich kann mich hier wirklich nicht um alles kümmern.«

So ging das eine Weile hin und her, und am Ende sagte mein Vater: »Man muss sich ja schämen, wenn das jemand sieht.« Er riss die roten Kuckucke ab, ging in die Küche und warf sie in den Mülleimer. Gleich morgen früh wollte er zur Bank gehen und das Geld überweisen.

»Versprichst du mir das hoch und heilig?«, fragte meine Mutter.

»Ja natürlich, ich schwöre es dir«, sagte mein Vater. »Das ist doch alles nun wirklich überhaupt kein Problem.«

Mit Geld hatten meine Eltern nie viel Glück ...
Auch als Onkel Albert an Multipler Sklerose gestorben war, gingen sie leer aus, denn der vermachte sein kleines Vermögen der Kirche.

»Dreißigtausend Mark!«, hörte ich meine Mutter seufzen. »Wir hätten es so nötig gebraucht, und das hat er doch gewusst. Warum hat er uns keinen Pfennig hinterlassen? Ich versteh das nicht. Dabei war er doch mein Bruder.«

Er war aber eben auch Domvikar gewesen, und als er krank wurde, besuchte ihn der Weihbischof regelmäßig, und unser dankbarer Onkel Albert hat ihm das bestimmt nicht vergessen, als er sein Testament machte.

Beate und ich erbten jeder fünfhundert Mark. Ich kaufte mir eine Tagesdecke für mein Bett und ein paar Bretter und Sperrholzplatten, die ich zusammenschraubte und weiß anpinselte, denn ich brauchte dringend ein paar schöne neue Möbel in meinem Zimmer.

Eines Tages entdeckte meine Mutter auf dem Schreibtisch meines Vaters einen Vertrag, den er ohne ihr Wissen abgeschlossen hatte, mit Erwin, einem Bekannten. Es ging um eine Leihgabe von zehntausend Mark. Wofür mein Vater dieses Geld verwendet hatte, konnte sie sich nicht vorstellen, und sie wagte auch nicht, ihn darauf anzusprechen.

»Er wird es halt wieder verpulvert haben«, sagte sie.

»Vielleicht hat er es versoffen oder wieder für irgendwelche Weiber ausgegeben.«

»Weiber? Was für Weiber denn?«, fragte ich neugierig, denn das mit den Weibern, für die mein Vater immer so viel Geld ausgab, hatte ich schon einmal von ihr gehört.

»Ach, lass mich bloß damit in Ruhe!«, sagte meine Mutter. »Das geht dich nichts an, und ich will gar nichts davon wissen. Das belastet mich nur noch mehr.«

Ein paar Monate später setzte der wohlhabende, aber unglückliche Erwin seinem Leben ein jähes Ende. Er stürzte sich von einem Münchner Hochhaus, und in seinem Testament hinterließ er meinen Eltern hunderttausend Mark.

Groß war der Schrecken über seinen so plötzlichen und schrecklichen Tod. Groß war aber auch die Freude über den unerwarteten Geldregen. Meine Eltern überlegten, welche Schulden sie damit zurückzahlen konnten und was sie sich darüber hinaus noch alles leisten wollten.

Ein paar Tage lang durften sich darüber freuen, dann teilte ihnen ein Notar mit, dass Erwins Testament leider doch ungültig war. Er hatte es mit seiner Schreibmaschine geschrieben und nicht handschriftlich verfasst, so wie es für ein Testament richtig und notwendig gewesen wäre.

»Scheiße«, sagte mein Vater. »Eine echte Scheiße.«

*

In der Leopoldstraße waren am Straßenrand zum Verkauf stehende Gebrauchtwagen geparkt. Ich besaß inzwischen den Führerschein, hatte mir mit diversen Jobs genug Geld zusammengespart, und so kaufte ich mir dort einen alten blauen Citroën 2CV.

Jetzt durfte ich für meinen Vater manchmal Chauffeur spielen, und es ist keine Überraschung, dass er kein besonders angenehmer Beifahrer war.

Kaum hatte er sich ächzend in mein Auto gewuchtet, wurde er mucksmäuschenstill. Sein Blick ruhte hoch konzentriert auf der Straße, und an der ersten roten Ampel stieß er auch schon erschrocken aus: »Achtung, Rot!« Vor einer Kurve sagte er: »Achtung! Pass auf die Kurve auf!« Er warnte mich vor Geschwindigkeitsbegrenzungen und vor anderen Fahrzeugen, und er stieß erschrockene Schreie aus, wenn sich ein Fußgänger der Fahrbahn näherte. Dass er den Gedanken an einen eigenen Führerschein längst aufgegeben hatte, war sicher ein Glück.

»Fahr nur immer schön vorsichtig«, sagte er immerzu, aber kaum war er endlich ausgestiegen, heizte ich los, und so schnell es eben mit den 24 PS meiner Ente ging, legte ich mich in die Kurven.

Mein Vater hatte keine Ahnung, was mir mit dem Auto schon alles passiert war. Im vorangegangenen Winter hatte ich mich mit Freunden in Österreich verabredet, doch dummerweise war ein paar Tage vor meiner geplanten Abreise der Anlasser kaputtgegangen, und mein Auto startete nicht mehr. Da man in so einem einfach konstruierten 2CV-Motor vieles selber reparieren konnte, suchte ich im Anzeigenmagazin »Das Blatt« einen Autobastler. Tatsächlich fand ich einen, der angeblich zufällig einen passenden Anlasser besaß und ihn mir auch sofort für wenig Geld einbauen wollte.

Er erschien wie vereinbart am Abend vor meiner Abreise, hatte seinen Ersatz-Anlasser dabei und schraubte ihn in den Motor meiner Ente.

Der Anlasser rappelte jetzt zwar ein bisschen laut, aber der Motor sprang wieder an.

Als ich am nächsten Morgen nach Österreich aufbrechen und den Motor starten wollte, hörte ich unter der Motorhaube einen dumpfen Schlag. Noch einmal drehte ich den Zündschlüssel, und der neue Anlasser gab erst ein entsetzliches Rattern und dann ein sehr lautes, Unheil verheißendes Klopfen von sich. Erschrocken lief ich zum Telefon und klingelte meinen Freund Alex aus dem Bett, der sich mit 2CVs ebenfalls sehr gut auskannte.

»Der Typ hat dir den falschen eingebaut«, sagte Alex. »Da greifen die Zahnräder nicht richtig, und wahrscheinlich hat es dir jetzt alles zerlegt. Da kannst du nichts machen, starten kannst du nicht mehr.«

»Aber ich muss nach Österreich!«, sagte ich verzweifelt. »Was mach ich denn jetzt?«

»Du kannst die Kiste höchstens anschieben, vielleicht springt der Motor dann noch an«, sagte Alex.

Und so war es. Ich fand jemanden, der mir schieben half, das Auto sprang an, und ich knatterte los.

Die ganze Strecke bis nach Österreich durfte ich jetzt nicht mehr stehen bleiben, denn wie sollte ich meine Ente wieder in Fahrt kriegen, wenn erst mal der Motor aus war? Also konnte ich auch nirgends tanken und wusste, dass ich am Ende unbedingt so einparken musste, dass man die Ente wieder anschieben konnte.

Als ich paar Kilometer vor dem Ziel ausgerechnet auf einer Steigung in einen Stau geriet, schwitzte ich Blut und Wasser. Kräftig trat ich aufs Gas und betete, dass nur um Himmels willen der Motor nicht ausgehen möge, hier an dieser verdammten Steigung. Denn dass ganz plötzlich der Motor abstarb, wenn man in einem längeren Stau zu langsam fuhr, das konnte bei meiner Ente schon mal vorkommen.

Immer wieder und viel mehr als nötig gab ich Gas, fluchte vor mich hin und mochte mir gar nicht ausmalen, was passierte, wenn ich hier auf der Autobahn mit Motorschaden stehen blieb, denn bergauf anschieben konnte kein Mensch.

Doch alles ging gut. Zwei Stunden und eine ganze Schachtel Gauloises später war ich fertig mit den Neven und glücklich am Ziel.

Das ganze Wochenende lang ließ ich die Ente stehen.

Vor der Rückfahrt füllten mir meine Freunde dann einen Kanister Benzin in den Tank, schoben das Auto wieder an, und ich schaffte es in einem Rutsch zurück nach München.

*

»So kann das nicht weitergehen«, erklärte uns mein Vater eines Tages. »Als Fotograf brauche ich dringend eine Assistentin. Eine, die sich mit dem Fotografieren auskennt und die ein Auto hat. Ohne Auto bin ich nur ein halber Mensch. Ich bin da viel zu unbeweglich, und mit einer motorisierten Mitarbeiterin könnte ich wesentlich mehr Aufträge erledigen.«

Das sah auch meine Mutter ein, und natürlich wurde es ihre Aufgabe, nach einer passenden Mitarbeiterin zu suchen.

Es dauerte gar nicht lange, da hatte sie im »Ottobrunner Wochenblatt« auch schon eine entsprechende Annonce entdeckt.

»So ein Glück«, freute sie sich. »Eine junge Frau sucht nach beruflicher Veränderung, bevorzugt im Bereich Fotografie. Ist das nicht toll? Die schauen wir uns gleich mal an.«

Mein Vater war skeptisch. »Also, ich weiß nicht. Wieso inseriert die in so einem Wochenblatt? Das kann doch nichts Gescheites sein.«

»Aber wieso denn nicht? Das klingt doch gut. Ich ruf sie am besten gleich mal an.«

»Nein, nein, das tust du nicht! Ich nehm doch nicht die Nächstbeste.«

»Also bitte, jetzt schau sie dir halt erst einmal an. Menschenskind, dann kannst du ja immer noch entscheiden.«

Mein Vater war einverstanden. »Na gut, in Gottes Namen. Dann ruf sie halt an.«

Die junge Frau hieß Dorothea Enderl. Als der Termin zu einem Vorstellungsgespräch näher rückte, erklärte mein Vater meiner Mutter: »Wenn die Enderl kommt, dann muss das Haus tipptopp aufgeräumt und durchgeputzt sein. Und außerdem will ich erst mal allein sein mit der Enderl. Du bist dann am besten gar nicht da.« Meine Mutter war empört.

»Aber warum denn nicht? Hast du vielleicht Angst, dass ich wieder einen rechten Schmarren erzähl?«

»Nein, nein, ich will sie mir eben erst einmal allein ansehen, das ist doch wohl mein gutes Recht und wirklich nicht zu viel verlangt. Ich muss ja schließlich auch mit ihr arbeiten, und das ist ganz allein meine Sache.«

Dorothea Enderl war ein Volltreffer ...

Sie war achtundzwanzig, lebenslustig, blitzgescheit und vor Kurzem erst nach München gezogen. Sie suchte nach beruflicher Veränderung und hatte einen weißen 2CV.

Auch ich freute mich über die neue Assistentin. Gerade hatte ich den Film »Der Swimmingpool« mit Romy Schneider gesehen und fand, dass die Enderl eine große Ähnlichkeit mit Romy Schneider hatte.

Sie war angeblich mit einem Piloten verheiratet, der beruflich viel unterwegs war. Mit ihrem kleinen Sohn Linus wohnte sie nicht allzu weit entfernt am anderen Ende von Ottobrunn. Auch ihre Mutter war gleich in der Nähe und würde auf den kleinen Linus aufpassen, wenn sie einmal unterwegs war.

Viel bezahlen konnte mein Vater seiner neuen Assistentin nicht, aber trotzdem ließ sich die Enderl darauf ein. Anscheinend war ihr mein Vater sympathisch, und sie merkte gleich, dass er eine Menge Know-how hatte.

Und so wurde Dorothea Enderl schon bald zur rechten Hand meines Vaters. Gemeinsam verbrachten sie viele Stunden unten im Keller in der Dunkelkammer und in dem kleinen Fotostudio in unserem Hobbyraum. Auch die Enderl schleppte nun die schweren Stative, Blitzgeräte und Kamera-Taschen, und mein Vater ließ sich von ihr im 2CV zu den diversen Aufträgen chauffieren.

Gemeinsam fuhren sie regelmäßig in die CSU-Zentrale und in die Redaktion der CSU-Zeitschrift »Löwe und Raute«, oder sie besuchten bayerische Städte, um die Fotos für einen Bildband zu machen.

Ich begann, meinen Vater ein bisschen darum zu beneiden, dass er das Glück hatte, mit der schönen Enderl seine Tage zu verbringen. Mit ihr wäre ich auch gern mal einen Tag lang in eine bayerische Stadt gefahren, um dort irgendwas zu fotografieren. Und vielleicht hätten wir dann noch ganz andere schöne Sachen gemacht.

Als mein Vater einmal Terminprobleme hatte, weil er dringend mit der Enderl nach Würzburg musste, fragte er mich, ob ich vielleicht aushelfen könnte. Es ging um Schwarz-Weiß-Fotos für den Prospekt einer Baggerfirma, und er vertraute mir den Auftrag an, da ich inzwischen an der Akademie für das grafische Gewerbe selber das Fotografieren lernte.

Erst ein Jahr zuvor, nach der 11. Klasse auf dem Gymnasium, war ich auf die Grafikerschule gewechselt. Von einem Freund hatte ich erfahren, dass man für die Ausbildung dort kein Abi brauchte. Das hatte ich meinen Eltern erzählt, die wohl inzwischen erkannt hatten, dass ich mich für nichts anderes interessierte als Musik und Zeichnen. Bestimmt waren sie erleichtert gewesen, dass ich nicht Rockmusiker werden wollte, sondern Grafiker, und so waren sie zu meinem Erstaunen und Glück mit dem Wechsel auf die Berufsfachschule sofort einverstanden gewesen.

Den Fotoauftrag meines Vaters wollte ich gern übernehmen und war geschmeichelt, dass er mir das zutraute. Gleichzeitig war ich mir aber sicher, dass ich das nur der Enderl zu verdanken hatte, denn mein Vater wäre selber nie auf die Idee gekommen.

Und so war ich ziemlich aufgeregt, als ich schließlich mit Stativ und Kamera bewaffnet in der Baggerfirma ankam und dem Chef erklärte, dass mein Vater keine Zeit habe und statt seiner nun ich, sein Mitarbeiter, die Fotos für den schönen, neuen Prospekt machen würde.

Ich wurde ein bisschen nervös, als extra für mich das erste riesige Fahrzeug in den Hof geknattert kam und so lange herumrangiert wurde, bis es auch korrekt an der richtigen Stelle stand.

»Okay?«, rief der Fahrer aus dem Fenster.

»Okay?«, fragte mich der Chef. »Oder soll er woanders hin?«

»Fast gut«, sagte ich, »besser noch drei Meter weiter nach links, sonst steht es ungünstig im Halbschatten.«

Der Chef schrie dem Fahrer etwas zu, und endlich stand der Bagger richtig und der Fahrer kletterte heraus. Ich hatte mein Stativ aufgebaut, machte meine Fotos, und schon war ich fertig und der Bagger konnte wieder wegfahren. Die Sache schien gut zu laufen.

Nach und nach wurden noch fünf oder sechs weitere tonnenschwere Fahrzeuge in den Hof gefahren und in die richtige Position gebracht. Zum Glück hatte ich genug Filmmaterial dabei, und als ich alles fertig im Kasten hatte, fuhr ich sofort zurück nach Ottobrunn, ging gleich hinunter in die Dunkelkammer und entwickelte den Film. In völliger Dunkelheit musste man dabei mit den Entwicklerdosen herumhantieren, doch es klappte zum Glück problemlos. Ich belichtete die besten Baggerfotos auf das Format 18x24, legte sie am Ende in die Hochglanzpresse, und alles sah gut aus. Ich war zufrieden, freute mich auf meinen Vater und die Enderl, und die fertigen Baggerbilder lagen in einer Fotoschachtel für sie bereit.

Mein Vater würde stolz auf mich sein.

Da ich bei meiner Freundin übernachtete und anschließend zu einem Rockkonzert fuhr, sah ich meinen Vater eine Weile nicht. Außerdem war ich damals vollauf damit beschäftigt, endlich ein Zimmer in einer Wohngemeinschaft zu finden.

So hatte ich die Baggerfotos schon fast vergessen, und erst als ich ein paar Tage später wieder nach Ottobrunn kam, fielen sie mir wieder ein.

Mein Vater und die Enderl schleppten gerade wieder die Fototaschen, Scheinwerfer und Stative hinaus zum Auto, waren anscheinend spät dran und in Eile.

»Hallo«, sagte ich, »hast du eigentlich meine Baggerfotos gesehen?«

»Ach so, die«, sagte mein Vater. »Ja, aber die haben wir alle noch mal machen müssen.«

»Hä? Aber wieso denn?«

»Ja, wir waren vorgestern dort«, erklärte mir die Enderl. »Aber jetzt ist alles okay.«

Ich verstand gar nichts.

»Die Bilder waren doch super, oder nicht?«, sagte ich perplex.

»Die Bilder schon«, meinte die Enderl. »Aber die Bagger nicht. Die waren nicht sauber.«

»Die waren total schmutzig!«, rief mein Vater. »So schmutzige Bagger kann man doch nicht fotografieren.«

»Ach so?«, sagte ich. »Dass sie nicht sauber sind, hab ich gar nicht gemerkt …«

»Die hättest du abspritzen lassen müssen! So was sieht man doch«, rief mein Vater genervt.

»Na, er hat halt nicht dran gedacht«, versuchte mir die Enderl zu helfen und schenkte mir ihr schönstes Romy-Schneider-Lächeln. »Du musst nicht so enttäuscht gucken. Ist doch nicht so schlimm. Hätten wir dir halt vorher sagen müssen. Deine Fotos waren schon okay.«

*

Mein Vater und die Enderl siezten sich ganz offiziell. Als ich jedoch eines Tages unerwartet die Tür zu ihrem Kellerstudio öffnete, hörte ich, dass sie sich heimlich duzten. Sie saßen nah zusammen und rückten ein Stück voneinander weg, als ich so unvermittelt in der Tür stand. Mein Vater stellte der Enderl schnell irgendeine belanglose Frage, aber es war zu spät, denn ich hatte es bereits gesehen und spürte einen Stich im Herzen. Hatten sie eine heimliche Affäre? Wie konnte eine Frau, die aussah wie Romy Schneider, Gefallen an meinem Vater finden? Ich hielt ihn für unattraktiv, und es wäre mir viel lieber gewesen, die Enderl hätte ein bisschen mehr Gefallen an mir gefunden. Bildete ich mir doch ein, dass sie mir hin und wieder vielversprechende Blicke zuwarf, Blicke die mich unruhig und hoffnungsfroh machten.

Dass mein Vater viel zu tun hatte und immer seltener zu Hause war, fanden auch meine Mutter und Beate gut. Wenn er weg war, dann war alles friedlich im Haus, und seine Launen und Wutanfälle vermissten wir nicht im Geringsten.

War er daheim, dann lag er spätabends breit ausgestreckt auf dem Sofa im Wohnzimmer vor dem Fernseher. Und wenn es für meine Freundin Christiane an der Zeit war, aufzubrechen, mussten wir die Treppe hinunter und an ihm vorbeischleichen.

War er noch wach, hörten wir ihn rufen: »Na, dann gute Nacht, Fräulein« oder »Ach, Sie gehen schon, Fräulein?«.

»Sie heißt Christiane«, sagte ich. »Du darfst Christiane zu ihr sagen.«

Bei nächster Gelegenheit rief er dann: »Ach, Sie sind noch da, Fräulein Christina?«

Christiane fand das lustig, und wir lauschten jedes Mal oben am Treppenabsatz, ob der Fernseher unten im Wohnzimmer schon rauschte und nur noch sein Testbild zeigte, denn dann war mein Vater garantiert eingeschlafen und Christiane konnte unbehelligt zur Haustür huschen.

Oft besuchte mich meine Freundin auch am Nachmittag, dann lagen wir auf der Matratze, hörten Simon and Garfunkel und hatten es schön. Nur manchmal kam unvermittelt meine Mutter hereingeplatzt, bewaffnet mit einer Schüssel Dosenkompott.

»Mögt ihr vielleicht ein bisserl ein Tuttifrutti?«, fragte sie dann, und wir wussten, es war ein Kontrollbesuch, weil sie neugierig war, was wir so trieben auf meiner Matratze. Also sperrten wir fortan die Tür zu, wenn wir es gemütlich haben wollten, aber dann klopfte meine Mutter und rief: »Mögt ihr ein bisserl ein Tuttifrutti? Macht doch mal die Tür auf.«

Später erklärte mir meine Tuttifrutti-Mutti, dass mein Vater sie jedes Mal geschickt hatte, weil er verhindern wollte, dass aus unserem Haus eine Lasterhöhle wurde.

Dein Vater ist ein interessanter Mann ...

Das erklärte mir die Enderl eines Tages. »Er ist so gescheit, und ich kann wirklich viel lernen bei ihm. Ich kann dabei fast mein Abitur nachmachen.«

»Na super«, sagte ich. »Haben Sie denn gar kein Abi?«

Ich siezte sie, und ob sie das Abi hatte, war mir eigentlich egal.

Die Enderl lachte. »Und du? Hast du eine Freundin?«

»Ja schon«, sagte ich und hatte keine Lust, mit ihr über Christiane zu reden.

»Hab ich mir schon gedacht«, sagte sie. »Du bist ja auch so ein netter junger Mann. Bestimmt bist du beliebt bei den Mädchen, hab ich recht?«

»Keine Ahnung«, sagte ich. »Geht so.«

»Ach komm! Ich wünschte, ich wär noch mal so jung wie du, dann würde ich schon mal mit dir ausgehen wollen.«

»Aber Sie sind doch noch gar nicht so alt.« Sie war gerade mal zehn Jahre älter als ich.

»Findest du?« Die Enderl lachte. »Na, aber manchmal komm ich mir schon so vor.«

Sie schürzte die Lippen.

»Schöne Haare hast du.« Schon streckte sie die Hand aus und fuhr mir durch den dichten, lockigen Haarschopf. »Wow! Wunderbar. Solche hätte ich auch gern.«

»Sie haben auch schöne Haare«, sagte ich schnell, und es

stimmte. Ich mochte ihre rehbraunen Haare, vor allem, weil sie so schön glatt waren.

Die Enderl lächelte, und auch ihre Zähne gefielen mir. Vor allem, weil sie so schön gerade waren.

Bei mir hatte die untere Zahnreihe leider einen Bewegungsdrang nach vorne. Die oberen Schneidezähne hatten dem dummerweise nachgegeben, was dem Gesamtbild nicht zugutekam. Nicht ganz so schlimm wie bei Freddie Mercury, aber trotzdem. Zahnspangen waren teuer, und meine Eltern dachten nicht im Traum an eine solche Investition.

Alles an der Enderl gefällt mir, dachte ich, als ich meinen Vater aus dem Keller rufen hörte: »Frau Enderl? Kommen Sie?«

»Ja, bin gleich da«, antwortete sie.

Und dann spürte ich ihren Handrücken an meiner Wange.

Ganz kurz und flüchtig war die Berührung gewesen, eine spontane Geste der Zuneigung, die vielleicht nichts weiter zu bedeuten hatte. Aber für mich war es eine liebevolle und absichtliche Berührung gewesen, die schöner nicht hätte sein können.

Verwirrt stand ich da und sah die Enderl mit ihrem Romy-Schneider-Lächeln in den Keller hinunterschweben, wo mein Vater auf sie wartete.

In der Nacht träumte ich von der Enderl, und es waren schöne Träume.

Erregt und verunsichert wachte ich auf, freute mich darauf, sie zu sehen, und hoffte auf ihr Lächeln. Vielleicht würde sie mich ja noch einmal berühren, mit ihren weichen Fingern mit den gepflegten, roten Nägeln.

Aber es klappte nicht mehr. Immer wenn ich sie in der nächsten Zeit sah, waren es nur noch kurze, unverbindliche Momente, in denen sie mich zwar freundlich grüßte, aber nicht mehr sonderlich beachtete, und immer war sie in Begleitung meines Vaters.

*

Irgendwann kam es meiner Mutter doch sehr verdächtig vor, dass mein Vater ständig so viel Zeit mit der Enderl verbrachte, dass die beiden gar so oft zum Fotografieren unterwegs waren, obwohl doch vergleichsweise wenig Geld hereinkam.

Die Situation spitzte sich zu, als mein Vater für zwei Wochen nach Italien fliegen sollte, um Fotos für einen Bildband zu machen. Dass er diese Reise vielleicht zusammen mit der Enderl machen wollte, war meiner Mutter überhaupt nicht recht.

»Du fährst mir aber nicht zwei Wochen lang mit der Enderl nach Italien. Dass möchte ich nicht. Du machst nicht auch noch einen Urlaub mit ihr.«

»Urlaub? Das ist doch kein Urlaub, ich muss arbeiten.«

»Aber bitte nicht zwei Wochen lang mit der Enderl. Und auch noch im selben Zimmer womöglich, das tät dir so passen. Das erlaube ich nicht.«

»Nein, nein, keine Sorge. Was denkst du denn, sie kommt doch gar nicht mit«, versuchte mein Vater, sie zu beruhigen. »Ich fliege nach Rom, und zwar ganz allein. Dort werde ich abgeholt und gut betreut und auch herumgefahren in die Dörfer und Städte. Das italienische Kulturinstitut kümmert sich um mich, und die Enderl brauch ich gar nicht dazu. Das wäre ja viel zu teuer für den Verlag, wenn sie auch noch mitkäme.«

»Ganz sicher nicht? Versprichst du mir das?«

»Aber natürlich. Wenn du willst, dann schwöre ich es dir.«

»Na, schwören musst du es nicht unbedingt, dann glaub ich es dir auch so.«

Dass meine Mutter ihn zum Flughafen begleitete, wollte mein Vater allerdings auf gar keinen Fall. Noch immer war sie misstrauisch, und kaum war er weg, entdeckte sie auf seinem Schreibtisch den Vertrag zu dem Italien-Auftrag. Die Flüge waren für meinen Vater und die Enderl bezahlt, die Hotels für sie beide gebucht worden und das Honorar würde zwischen ihnen aufgeteilt werden.

Nach einer schlaflosen Nacht rief sie bei Enderls Mutter an, die sicher wieder auf den kleinen Linus aufpasste, sollte die Enderl tatsächlich mitgefahren sein. Sie meldete sich unter falschem Namen und fragte nach Dorothea Enderl. Prompt wurde ihr bestätigt, dass Dorothea mit dem Fotografen, bei dem sie arbeitete, nach Italien verreist war.

Am Nachmittag fand ich meine Mutter weinend auf dem Bett.

»Er ist mit ihr in Italien«, hörte ich sie schluchzen. »Warum lügt er mich immer an? Ich werd noch verrückt! Warum gehen sie so mit mir um? Und ich Depp hab ihm die blöde Kuh auch noch selber ausgesucht. Möchte wissen, was sie an ihm findet. Soll er doch zu ihr ziehen. Soll sie ihm seine dreckigen Socken waschen, dann werden wir ja sehen. Aber bestimmt zeigt er sich bei ihr immer nur von seiner besten Seite.«

Sie richtete sich auf und sah mich mit verweinten Augen an. »Wie lang geht das schon zwischen den beiden? Weißt du das?«

»Ich? Nein, keine Ahnung«, sagte ich. Dass mein Vater ein Verhältnis mit der Enderl haben sollte, gefiel mir überhaupt nicht. Aber ich spürte, wie total bescheuert es war, eifersüchtig auf den eigenen Vater zu sein.

»Aber vielleicht arbeiten sie ja tatsächlich nur zusammen, und du täuschst dich, und da ist gar nichts zwischen den beiden«, versuchte ich, meine Mutter zu trösten.

»Er hat mir gesagt, er fährt allein«, schluchzte sie und warf sich zurück auf ihr Kissen.

»Vielleicht haben sie ja doch nichts miteinander«, sagte ich. »Und er hat dir nichts gesagt von der gemeinsamen Reise, um dich zu schonen. Weil du auf jeden Fall eifersüchtig wärst, auch wenn gar nichts ist zwischen ihnen.«

»Meinst du? Klingt kompliziert, oder?«

»Ja vielleicht.«

Ich stellte mir vor, wie mein Vater und die Enderl in Rom gerade durch die Gassen bummelten, einen lauschigen Platz an einem Brunnen fanden, Schwalben beobachteten, die über die Dächer kreisten, und eine Peter Stuyvesant rauchten. Bestimmt dachten sie darüber nach, wie schön das Leben sein kann, und gingen weiter bis zu einer gemütlichen Trattoria, bestellten sich die besten Spaghetti der Welt, und mein Vater erzählte der Enderl von Goethe, der auf seiner Italienreise sicher auch hier gewesen war an diesem schönen Platz. Und ich dachte, dass es bestimmt heiß war in Rom, dass mein Vater schwitzte und sich mit einer Serviette den Schweiß vom Gesicht wischte, während er erzählte. Und die Enderl mit ihrem Romy-Schneider-Lächeln an seinen Lippen hing und ihm die Hand auf den dicken Oberschenkel legte.

»Vielleicht ist da ja gar nichts«, hörte ich mich noch

einmal sagen und glaubte es selber nicht. »Jetzt mach dir mal keine Sorgen, und wart erst mal ab.«

»Ja, red du nur!«, rief meine Mutter aufgebracht. »Du redest dich leicht. Du hast ja keine Ahnung, wie es mir geht.« Schluchzend vergrub sie ihren Kopf wieder im Kissen. »Jetzt geh und lass mich allein! Mir reicht es. Wenn er wieder heimkommt, dann lass ich mich scheiden.«

Kaum war mein Vater zurück von seiner Reise, machte ihm meine Mutter tatsächlich eine verzweifelte Szene. Kleinlaut musste er zugeben, dass die Enderl doch dabei gewesen war. Er schwor Stein und Bein, dass er es meiner Mutter nur verschwiegen hatte, um sie zu schonen. Damit sie sich auf keinen Fall Sorgen machen musste. Damit sie beruhigt sein konnte, während er weg war. Und wenn er ihr diesmal ausnahmsweise einmal nicht die volle Wahrheit gesagt hatte, dann nur deshalb, weil es zwischen der Enderl und ihm garantiert nichts anderes gab als ein paar gemeinsame nette Interessen und die gemeinsame harte Arbeit.

*

Von Scheidung war dann keine Rede mehr. Schließlich waren meine Eltern ja katholisch getraut, und da kam so etwas sowieso nicht infrage. Alles blieb beim Alten. Mein Vater war wie immer selten zu Hause, und meine Mutter hatte sich anscheinend daran gewöhnt.

Trotzdem veränderte sich jetzt einiges.

Meine Schwester war glücklich zu ihrem Freund gezogen, und ich wohnte zusammen mit fünf netten Leuten in einer WG im Münchner Schlachthofviertel.

Die Ausbildung zum Grafiker hatte ich inzwischen abgeschlossen und studierte jetzt an der Akademie der Bildenden Künste in Schwabing. Hatte es mir an der Grafikerschule schon gut gefallen, so war ich hier in der großen Münchner Freiheit gelandet. Sechs wunderbare Jahre sollten das werden, aufgehoben in einer kreativen Welt, wo man sich ausprobieren, wo man studieren konnte ohne Druck und ohne Prüfungen. Alles durfte gedacht, gesagt und ausgeführt werden, es gab keine Tabus, hier war alles möglich im Namen der Kunst.

Freiheit war oberstes Gebot, schließlich wurden hier zukünftige Künstler und Künstlerinnen ausgebildet, und für so einen Künstler ist freies Denken das A und O. In den geschützten Räumen einer Akademie funktioniert so etwas wunderbar. Draußen in der freien Wildbahn schaut es dann anders aus. Nicht wenige Mitstudenten haben sich später von der freien Kunst abgewandt und sind Antiquitätenhändler geworden oder haben einen Laden aufgemacht.

Wollte man in eine der »Malerklassen« kommen, musste man sich allerdings persönlich vorstellen bei einem Professor. Man musste ihm schon sympathisch sein, sonst ließ er einen gar nicht erst antreten zur Aufnahmeprüfung. Böse Zungen behaupteten, dass manche Professoren bei der Auswahl ihrer Studentinnen Wert legten auf eine gewisse Mischung aus Begabung und attraktiver Erscheinung. Aber das war sicher nur so ein Gerede.

Ich war in einer »freien Klasse«, entwarf Plakate, druckte Radierungen und hatte nebenbei schon gut zu tun mit diversen Aufträgen für Zeitschriften und Buchverlage. Sogar ein Fernsehredakteur gab mir hin und wieder Aufträge, wenn er wieder irgendeine langweilige Wirtschaftssendung mit lustigen Zeichnungen aufpeppen lassen wollte. So verdiente ich genügend Geld, brauchte keine BAföG-Unterstützung und musste abends nicht in irgendeiner Kneipe kellnern.

Hier in der Akademie konnte man kommen und gehen, wann man wollte, es gab keine Prüfungen, keine vorgeschriebenen Stundenpläne, die Vorlesungen und Werkstätten standen jedem offen.

Alles auf freiwilliger Basis. Nur die Lehramtsanwärter hatten ihre Prüfungen und Leistungsvorgaben, aber die mussten sich ja auch schon mal ans zukünftige Lehrersein gewöhnen.

Am Ende der Ausbildung konnte man dann eine Abschlussprüfung, »das Diplom«, machen. Aber auch das war freiwillig, muss ja nicht sein für einen freien Künstler, dass man am Ende doch noch Druck auf ihn ausübt. Man konnte also auch ohne Diplom abgehen, und das war schon richtig, denn wen interessierte später noch so ein Kunstdiplom, auch meines liegt ja seit Jahrzehnten nur in irgendeiner Schublade.

Die Diplomarbeiten aber wurden ein paar Tage lang in der Aula ausgestellt. Ich staunte nicht schlecht, als ich meinen Vater zusammen mit einem Bekannten die Treppen zum Eingang hochsteigen sah. Dass er an meiner Abschlussarbeit interessiert war, hatte ich nicht für möglich gehalten.

*

Kaum war mein kranker »anderer Opa« gestorben, der mit dem dicken Daumen, da verspürte die »andere Oma« eine erstaunliche Reiselust. Ständig war sie unterwegs, mit der Bahn, meistens aber mit einer Reisegruppe in einem Bus. Sie unternahm Städtetrips nach Wien, nach Prag, nach Salzburg und zum Chiemsee. Auf Kaffeefahrten verkaufte man ihr Töpfe, Bratpfannen und Heizdecken, die sie nicht brauchen konnte und zu Hause hortete.

Kurz vor ihrem Tod musste man ihr noch ein Bein amputieren. Nie in ihrem langen Leben war sie krank oder bei einem Arzt gewesen. Und erst ganz am Ende war sie an der steilen Holztreppe im Stahlzwingerweg gescheitert, und man hatte sie in ein Krankenhaus eingeliefert. Ihr schlimmes Bein war dunkel, fast schwarz geworden, sie wurde in den Operationssaal geschoben, der Chirurg hatte ihr den Ehering vom Finger gezogen und ihn sich spaßeshalber selber an den kleinen Finger gesteckt.

»Na, na, na«, hatte ihn meine Oma schmunzelnd getadelt, »da haben Sie sich aber eine ganz schön Alte ausgesucht.« Der Chirurg hatte gelacht und meiner Oma das Bein abgenommen.

Auch die Eltern meiner Mutter waren bereits verstorben. Ich dachte manchmal recht wehmütig an meinen lieben Großvater, mit dem ich so viel schöne Zeit verbracht hatte, und ich spürte, wie sehr ich gerade ihn vermisste.

An die schöne Enderl dachte ich jetzt nicht mehr so oft, denn es war klar, dass sie sich nicht für mich interessierte. Ich hatte aufgehört zu hoffen, dass sie mich insgeheim liebte, dass es für sie einfach nur keine Gelegenheit gab, mir ihre Zuneigung zu zeigen, und sie außerdem eine gescheite Frau war, die sich zu beherrschen wusste.

Diese blöde Enderl! …

So jammerte meine Mutter. »Die ganze Zeit denkt der Vater nur an sie! Das spür ich, das hört ja nie auf! Die macht mir hier alles kaputt! Menschenskind, und ich Depp hab sie ihm auch noch empfohlen.«

Von Eifersucht übermannt, stellte sie meinen Vater schließlich vor ein Ultimatum. »Sie oder ich, such es dir aus. Am besten, du ziehst gleich ganz zu ihr. Dann wirst du schon sehen, wie es dir geht. Wer wird sich um deinen ganzen Kram kümmern? So ein Weibsbild sicher nicht. Wer wird dir deine Texte abschreiben und deine Socken waschen? Wer macht dir deine Steuern, wer kocht und putzt und kauft dir deine Unterhosen? Die bestimmt nicht, das kannst du vergessen. Ganz schnell wird sie deine wahre Seite kennenlernen. Die kannst du dann nicht so rumkommandieren wie mich. Das kannst du dir abschminken!«

Nun gab mein Vater klein bei. Schuldbewusst versprach er hoch und heilig, endgültig Schluss zu machen mit der Enderl. Er wollte ihre Mitarbeit kündigen und versprach, sie nie wieder zu treffen.

Meine Mutter hatte es anscheinend geschafft. Nun würde es wieder so, wie es sich für ein anständiges Haus gehörte.

Ich fand es bedauerlich, dass die Enderl nicht mehr zu uns kam.

Mein Vater wirkte in der nächsten Zeit oft lustlos und

niedergeschlagen, abends verkroch er sich in seinem Zimmer, trank Schnaps und war für keinen mehr ansprechbar.

*

Auch seinen Nebenjob als DDR-Spion hatte mein Vater inzwischen aufgegeben, möglicherweise war das Ganze auch zeitlich begrenzt gewesen und nun nicht mehr verlängert worden. Seine Kontakte zur CSU verliefen im Sand, er gab das Fotografieren bald ganz auf und verkaufte seine Fotoausrüstung und die Kameras. Computer und digitale Bildübermittlung waren jetzt im Kommen, und damit konnte er sich nicht mehr anfreunden, das war für ihn eine Welt mit sieben Siegeln.

Trotz ihrer klammen finanziellen Verhältnisse beschlossen meine Eltern, sich eine zusätzliche Wohnung im Chiemgau zu mieten, in einem abgelegenen Weiler bei Breitbrunn.

»Ich muss mich doch auch mal zurückziehen können zum Arbeiten«, sagte mein Vater, der sich jetzt mehr auf das Schreiben verlegen wollte und an einem Buch über den Chiemsee arbeitete.

»Und so teuer ist die Wohnung auch wieder nicht. Außerdem erwarte ich in nächster Zeit ein paar ganz großartige Aufträge.«

»Aha«, sagte meine Mutter. »Was denn für Aufträge? Davon weiß ich ja gar nichts.«

»Ach, lass mich doch in Frieden. Das ist nur meine Sache, und du musst nicht alles wissen.«

Mein Vater fand, dass so eine Wohnung auf dem Land das Nonplusultra war für einen kreativen Geistesmenschen, und viele berühmte Schriftsteller und Künstler hatten schließlich einen Landsitz da drunten im Chiemgau. Wenn es auch nur eine kleine Mietwohnung im Anbau eines Bauernhauses war, so war mein Vater doch mächtig stolz auf sein neues Refugium. Immerhin hatte die Wohnung einen rundum laufenden Balkon mit Fernsicht, und unter dem Dach nisteten die kreischenden Vögel.

Regelmäßig verbrachten meine Eltern nun mehrere Wochen auf dem Land. Ohne Auto war die Anfahrt jedes Mal einigermaßen beschwerlich, auch die langen Wege zum Einkaufen ins nächste Dorf unternahmen sie immer zu Fuß, und keiner aus der Bauernfamilie, die ihre Vermieter waren und nebenan wohnten, dachte daran, ihnen etwas mitzubringen, wenn sie zum Einkaufen fuhren. Aber meine Eltern fragten auch nicht danach.

Sie verbrachten die langen Tage mit Spaziergängen, sie lasen ihre Bücher, meine Mutter kochte und mein Vater schrieb an seinem Buch.

War er allein unterwegs, führte ihn sein Weg des Öfteren zu Frau Höllmeier, einer künstlerisch ambitionierten Witwe, die gern malte und noch immer vom literarischen Ruhm ihres längst verstorbenen Gatten zehrte. Frau Höllmeier wohnte eine halbe Stunde Fußweg entfernt in ihrem schönen Haus mit Garten, und schon bald verbrachte mein Vater halbe Nachmittage bei ihr, bekam Bier, Wurst und Käse aufgetischt und hatte in ihr eine interessierte Zuhörerin gefunden, die seinen Anekdoten und ausschweifenden Erzählungen mit Begeisterung lauschte.

Meine Mutter mochte Frau Höllmeier nicht besonders. Sie war jedoch froh, dass mein Vater ein wenig Abwechslung bei ihr fand in seinem immer gleichen Tagesablauf.

Das ging so lange gut, bis Frau Höllmeier eines Tages bei meiner Mutter vor der Tür stand.

»Ich muss dringend etwas mit Ihnen besprechen«, sagte sie und wurde auch gleich hereingebeten.

»Ja, was gibt es denn so Wichtiges?«

»Es geht um Ihren Mann, den Eduard.«

»Ach ja? Was ist denn mit ihm?«

»Nun ja, wie Sie sicher wissen, besucht er mich manchmal.«

»Jaja, davon hat er mir erzählt.«

»Wissen Sie, wir verstehen uns wirklich sehr gut, der Eduard und ich.«

»Soso, na, das ist doch schön.«

»Wissen Sie, ich spüre eine intensive Nähe und Vertrautheit zu ihm. Ich kenne ihn inzwischen gut, und mir ist klar geworden, dass er und ich füreinander geschaffen sind.«

»Ach? Also, wie meinen Sie das jetzt genau?«

»Ich meine, wir beide sind seelenverwandt. Verstehen Sie? Ich spüre, dass wir zusammengehören, der Eduard und ich.«

»Ach du meine Güte! Jetzt geht es aber ein bisserl zu weit, finden Sie nicht, Frau Höllmeier?«

»Nein, nein, im Gegenteil. Mir ist klar geworden, dass er für mich bestimmt ist. Und für Sie ist er ganz bestimmt nicht der richtige Mann, das ist doch klar.«

»Wie bitte? Wie kommen Sie denn auf diese Schnapsidee? Wir sind seit vielen Jahren verheiratet.«

»Das weiß ich doch. Aber trotzdem, auch so was kann ein Irrtum sein, das kann man ändern …«

»Du meine Güte, was hat Ihnen der Eduard denn alles erzählt?«

»Das spielt jetzt keine Rolle. Lange Rede, kurzer Sinn, ich habe mir Folgendes überlegt: Sie lassen sich von Eduard scheiden, und dann kann er mich heiraten. Zu mir passt er tausendmal besser als zu Ihnen, da bin ich mir ganz sicher. Ich habe wirklich lange darüber nachgedacht.«

»Also nein, was für eine komische Idee, jetzt weiß ich gar nicht, was ich dazu sagen soll ...«

»Sie müssen noch gar nichts dazu sagen. Denken Sie in Ruhe darüber nach. Und wenn Sie dann geschieden sind, dann heiraten Sie den Herrn Mönnich.«

»Den Mönnich? Aber wieso sollte ich denn den Mönnich heiraten? Wie kommen Sie auf die Idee?« Der Schriftsteller Horst Mönnich wohnte im nahen Breitbrunn. Er hatte der »Gruppe 47« angehört und war Mitglied des PEN-Zentrums Deutschland.

»Er passt viel besser zu Ihnen«, meinte Frau Höllmeier. »Außerdem ist er ein sehr netter Mann. Er ist alleinstehend und braucht genau so eine Frau, wie Sie es sind. Dann schließt sich der Kreis, und alles ist im Gleichgewicht. Alles eine Frage der richtigen Energie, wenn Sie wissen, was ich meine. Der Eduard ist auf jeden Fall nicht der richtige Mann für Sie, das wissen wir doch alle. Nun, wie gefällt Ihnen mein Vorschlag? Wäre das nicht eine gute Lösung für uns alle?«

»Weiß denn mein Mann schon von Ihrer Idee? Was hat er dazu gesagt?«

»Nein, der Eduard weiß noch nichts davon. Ich wollte das erst einmal mit Ihnen besprechen ...«

Frau Höllmeiers revolutionärer Vorschlag fiel bei meiner Mutter auf keinen fruchtbaren Boden. Als sie meinen Vater zur Rede stellte, tat er so, als ob ihm Frau Höllmeiers absurder Vorschlag vollkommen unverständlich wäre. Entrüstet stellte er fest, dass diese freundliche Dame anscheinend nicht mehr alle Tassen im Schrank hatte.

*

Einmal in früheren Jahren bin ich mit einer kirchlichen Reisegruppe in Russland gewesen. Ich erinnere mich noch an die vielen Birkenwälder dort, und die haben mir gar nicht gefallen, denn alles war so bedrückend gewesen für mich. Irgendwann sind wir an einen See gekommen, da bin ich weg von der Gruppe und ein ganzes Stück weit allein gegangen. Da ist etwas Schönes passiert.
Plötzlich war da so ein Schwarzer, der ist auf mich zugekommen, so ein großer, schöner Mann. Er ist vor mir stehen geblieben und hat gesagt: »I will kiss you.«
Ich bin erschrocken zuerst, wie er so nah an mich herangekommen ist, so wie selbstverständlich. Aber ich bin auch stehen geblieben und hab plötzlich seine Lippen auf den meinen gespürt. So warme und weiche Lippen waren das, und ich hab so was noch nie vorher gespürt. Es war so angenehm, und ich hab gedacht, jetzt bleib ich ewig hier stehen und will gar nicht mehr weg.
Doch er hat aufgehört mit dem Küssen und ist sofort weitergegangen. Ich bin dagestanden und hab ihm nachgeschaut und ein bisserl weiche Knie gehabt, weil es so schön gewesen ist.
Ganz oft muss ich auch heut noch daran denken. Ich hab ihn danach nie mehr gesehen. So was erlebt man halt nur einmal und dann nie wieder.

Meine Eltern beschlossen, nach München zu ziehen …
Von Ottobrunn ging es direkt in die Münchner Innenstadt. »Ich will eine Wohnung mit Dachgarten«, sagte mein Vater. »Eine Wohnung ganz hoch oben wär das Beste, dann brauch ich gar nicht mehr fortgehen, dann können wir uns bei schönem Wetter einfach raussetzen.«

»Du hast dich die letzten fünfundzwanzig Jahre doch auch nie rausgesetzt auf unsere Terrasse in Ottobrunn, wieso willst du dich jetzt plötzlich raussetzen, nur weil die Wohnung irgendwo im fünften Stock ist, und nicht im Parterre? Das ist doch wurst.«

»Nein, das ist nicht wurst. Das ist elegant. Den Dachgarten können wir uns von einem Gärtner schön herrichten lassen, und dann essen wir immer draußen.«

Die Dachgartenwohnung blieb ein Traum, dafür fanden sie eine unrenovierte, günstige 3-Zimmer-Wohnung mit Balkon, zentral gelegen in der Theresienstraße.

Dass mein Vater immer schon gern Schnaps getrunken hatte, wusste ich. In letzter Zeit war es jedoch schlimmer geworden, und hin und wieder besuchte mich meine Mutter, um mir ihr Herz auszuschütten und sich über die ausschweifenden Trinkgewohnheiten und das Benehmen meines Vaters zu beklagen. Sie erzählte mir von ihrem Weihnachtsabend, da waren sie gerade umgezogen in die neue Wohnung, noch stand nicht alles an seinem Platz, und die Kisten waren noch nicht alle ausgepackt.

»Jetzt komm doch mal raus aus deinem Zimmer, und lass uns ein bisschen weihnachteln«, schlug meine Mutter vor. »Machen wir es uns gemütlich.«

Auf dem Küchentisch stand ein Adventskranz, sie zündete die Kerzen an, auf die Fensterbank hatte sie einen kleinen, künstlichen Weihnachtsbaum gestellt.

Endlich ließ sich mein Vater überreden und schlurfte aus seinem Zimmer. Leicht schwankend, setzte er sich an den Küchentisch, machte die Augen zu und verschränkte die Arme.

Meine Mutter schaltete das Radio ein, Weihnachtslieder schallten durch die Küche, mein Vater saß ungerührt da und gab keinen Mucks von sich.

»Gefällt dir mein Christbäumerl?«, fragte meine Mutter. »Was ist los? Du sagst ja gar nichts?«

Mein Vater bewegte sich keinen Millimeter.

»Sag, warum sagst du denn nichts?«

Er schlug die Augen auf und brachte mit weinerlicher Stimme heraus: »Früher hat meine Mama immer Kerzen am Baum gehabt.«

»Jaja, ich weiß schon. Na und?«

»Warum hast du an den Baum keine Kerzen getan? Ich will Kerzen am Baum! Ich will meine Kerzen!«

»Aber an so einen winzigen Baum kann man doch keine Kerzen tun! Wie soll das denn gehen? Außerdem mag ich nicht, dass die alles volltropfen auf dem Fensterbankerl. Wir haben doch die Kerzen hier am Tisch. Schau doch, da am Adventskranz. Und so schöne Tannenzweigerl! Gefallen die dir nicht?«

»Ich will keine Tannenzweigerl! Ich will richtige Kerzen an einem richtigen Baum!« Es klang immer jämmerlicher.

»Und die guten Plätzerl? Magst nicht ein paar davon probieren?«

»Nein! Ich will keine Plätzerl!« Jetzt wurde er richtig laut. »Ich will so Kerzen am Baum wie bei meiner Mama! Jetzt haben wir Weihnachten und keinen Baum mit Kerzen!«

Meine Mutter stand auf, ging ins Nebenzimmer und kam mit einem Päckchen zurück.

»Schau, was ich für dich hab.« Sie nahm das Papier ab und zog einen Pullover heraus. »Den hab ich dir gekauft. G'fallt er dir?«

Mein Vater warf einen kurzen Blick auf den Pullover, stand auf und schwankte zurück in sein Zimmer.

Das war der erste Heilige Abend in ihrer neuen Wohnung.

*

Von dem kleinen Balkon in der neuen Wohnung war mein Vater erst mal begeistert. »Da draußen kann ich wunderbar lesen«, sagte er zu meiner Mutter. »Und in Zukunft werden wir da bei schönem Wetter auch zu Abend essen.« Ein praktischer Klapptisch aus Metall wurde angeschafft und bei den ersten warmen Sonnenstrahlen gleich mal eine Brotzeit gemacht. Limburger Käse hatte mein Vater gekauft und einige Biere, fröhlich angeheitert kam er zurück von seinem Einkauf. Er roch nach dem Schnaps, den er unterwegs getrunken hatte, und kaum war er draußen auf dem Balkon, wurde seine Freude überschwänglich.

»Jaaa! Jaaa!«, begann er, laut zu rufen. »Mein Gott, ist das schön hier!«

»Sei doch still!«, rief meine Mutter erschrocken.

»Und der Käs schmeckt so gut. Juhuu! Juhuu!«, rief mein Vater in den Innenhof hinunter, und im Nachbarhaus ging ein Fenster auf.

»Jetzt sei doch endlich leise!«, zischte meine Mutter. »Denk an die Nachbarn. Die hören doch alle zu.«

Aber mein Vater kam jetzt erst richtig in Fahrt.

»Das ist mir so wurst!«, schrie er noch lauter. »Das darf jeder hören!« Er donnerte seine Faust auf den Klapptisch, dass es schepperte. »Juhu! Juhu! So was Schönes! Mein Gott, so was Schönes!« Noch immer hatte er sich nicht beruhigt.

»Und jetzt holst du mir noch ein Bier!«, befahl er. »Los, hol mir ein Bier!«

»Bist du endlich still! Man muss sich ja schämen mit dir.«

»Nein! Ich kann machen, was ich will! Du. Holst. Mir. Jetzt. Ein. Bier!« Laut trommelte er auf den Klapptisch.

»Und du bist besoffen und gibst jetzt endlich eine Ruh! Ende!« Meine Mutter lief zurück ins Zimmer.

»Nie mehr ess ich mit dir da draußen!«, rief sie. »Schämst du dich gar nicht? Kaum wohnen wir hier, da führst du dich so auf.«

Indigniert blieb mein Vater noch eine Weile allein draußen sitzen, schmollend futterte er seinen Käse.

Danach hat er den Balkon nie mehr betreten. Nur noch in seltenen Fällen, wenn Verwandtschaft zu Besuch war, führte er da draußen die Geranien vor, die meine Mutter angepflanzt hatte. Und die schöne Aussicht auf das Hinterhaus, in dem ein paar Künstler ihre Werkstätten hatten. Da leuchteten am Abend die Atelierfenster so schön, dass es eine Freude war.

Mit Begeisterung ging mein Vater zur Universität ...
Obwohl er nicht eingeschrieben war, besuchte er Vorlesungen für Geschichte, Latein und Griechisch. Seine neu gewonnenen Erkenntnisse notierte er säuberlich und handschriftlich auf karierte DIN-A4-Blöcke. Hunderte Seiten beschrieb er so im Laufe der folgenden Jahre, und aus den Blöcken wurde nach und nach ein ganzer Stapel.

»Wenn er nur irgendwas Gescheites daraus machen würde«, hörte ich meine Mutter jammern. »Wenn er jemals irgendeinen Abschluss gemacht hätte, damit endlich mal ein bisserl mehr Geld ins Haus kommt. Er ist doch so ein begabter Mensch, und er weiß bald mehr als jeder Professor. Aber nein! Der Herr macht alles nur zu seinem Privatvergnügen.«

Wieder einmal war das Geld knapp, und meine Mutter machte sich große Sorgen. Mein Vater wies zwar immer wieder auf seine vielen wertvollen Bücher hin, die im äußersten Notfall eine Stange Geld einbringen würden, aber da nie eines davon verkauft wurde, war das nur ein schwacher Trost.

Im Gegenteil, sogar jetzt, wo so wenig Geld da war, kaufte er sich immer mal wieder neue Bände dazu. Natürlich nicht mehr so wertvolle wie früher, aber trotzdem war er im Antiquariat noch immer ein gern gesehener Kunde.

Eines Tages stand ein hellgraues Monstrum auf seinem Schreibtisch.

»Da schau, mein Computer«, sagte mein Vater. »Was sagst du dazu? Den hat mir ein befreundeter Antiquar geschenkt.«

»Kannst du ihn denn bedienen?«, fragte ich erstaunt, denn auch ich hatte noch keinen Computer und keinen blassen Schimmer von dieser neuen Technik.

»Es ist zwar ein altes Ding, aber er hat gesagt, er funktioniert noch. Damit kann man prima arbeiten, und es ist überhaupt nicht schwer, hat er gesagt.«

»Hat er dir auch gezeigt, wie es funktioniert?«

»Nein, aber das ist kinderleicht, das machen doch andere auch.«

»Na schön. Dann musst du es mir zeigen, wenn du es herausgefunden hast. Ich bin gespannt.«

»Na klar, ich sag dir Bescheid. Du wirst schon sehen.«

Zwei Tage später stand der Computer unten an der Straße vor der Haustür. So machten es meine Eltern immer, wenn sie etwas nicht mehr brauchten. Sie stellten es einfach unten an die Straße, und ein paar Stunden später war es weg.

*

Ich muss Vater auch loben. Er war sehr gastfreundlich, und wenn doch mal jemand zu uns gekommen ist, dann hat der Besuch sofort etwas zu essen gekriegt. Ich hab Kaffee kochen müssen, oder einen Tee, und irgendwas herbeischleppen. Den Pfarrer haben wir so oft eingeladen, ich hab immer gesagt, kommen Sie doch nach der Kirche zu uns zum Essen, und immer ist er gern gekommen. Nach Vaters Tod hab ich Beileidsschreiben bekommen, bei denen drei Leute seine Gastfreundschaft herausgehoben haben. Es war ja nicht üblich, dass man bei den Leuten immer sofort was kriegt. Da bist du oft lang gesessen, oder du hast überhaupt nichts gekriegt, aber bei Vater war das anders, ihm war das immer wichtig.

Nur beim Essen stören hat ihn niemand dürfen. Einmal waren wir gerade beim Mittagessen, da hat ein Vorwerk-Staubsaugervertreter geklingelt, und ich hätt dringend neue Filtertüten gebraucht.

»Kommen Sie doch herein«, hab ich gesagt. »Ich wart ja schon so lang, dass Sie kommen.«

Vater springt auf und schreit den Mann an: »Was soll das jetzt, es ist Mittagessenszeit!«

Ich hab gesagt: »Das ist der Mann für unseren Staubsauger, ich brauch was von ihm. Ich geh mit ihm ins andere Zimmer hinüber, und du kannst ja in Ruhe weiteressen.«

»Nein, kommt überhaupt nicht infrage!«, hat Vater geschrien. »Das ist das Allerletzte, eine Unverschämtheit, jemanden beim Essen zu stören, der Mann soll machen, dass er weiterkommt, ich will ihn hier nie mehr sehen.«

Der Staubsaugermann hat das alles gehört und ist rückwärts wieder aus der Wohnung gegangen. Noch an der Tür hab ich zu ihm gesagt, ob er nicht bitte um drei oder vier Uhr noch mal kommen könne. »Wissen Sie, mein Mann, der ist halt so.«

Doch der Vertreter ist bis heut nie mehr gekommen, und jetzt scheppert mein Staubsauger auch noch, keine Ahnung, was ihm fehlt, sicher nur eine Kleinigkeit für einen Fachmann, aber was kann ich machen, wenn der Mann jetzt nicht mehr kommt.

Ostern verbrachten meine Eltern im Chiemgau …

Meine Mutter mit ihrem Faible für kindliche Erinnerungen hatte einen kleinen Osterhasen besorgt, der drollig aussah und Männchen machte. Er war überzogen mit braunem Samt und kaum zwanzig Zentimeter hoch. Sie fand, dass er sich gut machte neben dem Blumenstrauß am Ostertisch, mit seinen niedlichen, blauen Glasaugen, die so schön glitzerten.

Mein Vater runzelte die Stirn.

»Was soll denn der hier? Was hast du da für einen Hasen?«

»Wieso? Gefällt er dir nicht?«

»Nein, den tust du wieder weg.«

»Aber warum denn?«

»Er schaut mich dauernd an, der blöde Has!«

»Wie? Er schaut dich an? Dann dreh ihn halt um. Dreh ihn einfach zur Seite, dann schaut er dich nicht mehr an. Dann schaut er nur noch mich an.«

»Trotzdem. Das kann ich nicht haben. Ich will nicht, dass uns der Has dauernd so komisch anschaut!«

»Aber das ist doch kein echter Has, das ist doch nun wirklich kein Problem.«

»Du tust ihn jetzt wieder weg!« Er wurde lauter. »Wenn dieser Has da sitzt, das halt ich nicht aus!«

»Aber mein schöner Has …«, begann meine Mutter zu jammern. »Ich hab ihn doch extra wegen Ostern …«

»Das ist mir doch wurst! Der Has kommt wieder weg! Jetzt und sofort!«

So wurde der kleine Hase wieder weggeräumt, und nach den Ostertagen durfte er mit nach München und bekam dort seinen Platz am Fensterbrett in der Küche.

Mein Vater setzte sich an den Esstisch, entdeckte den Hasen zwischen den Blumentöpfen und erschrak.

»Jetzt ist der Has ja schon wieder da! Ich kann das nicht haben, dass der mich dauernd anglotzt! Tu doch endlich dieses verdammte Vieh weg!«

»Ich möcht bloß wissen, wieso der dich so stört, der nette Has.«

»Ein für alle Mal! Dieses Vieh muss hier weg! Sonst schmeiß ich ihn aus dem Fenster!«

»Also von mir aus. Wenn du unbedingt willst, dann verschenk ich ihn halt an die Nachbarskinder.«

Auch draußen auf dem Land hatten meine Eltern inzwischen ein paar Bekannte, mit denen sie sich hin und wieder zum Essen trafen. Die Schmids aus Grassau zum Beispiel, ihnen sagte mein Vater zum Abschied jedes Mal: »Wir müssen uns unbedingt bald wieder treffen. Besuchen Sie uns doch auch einmal in München. Machen Sie mit meiner Frau etwas aus, die regelt das alles bei uns.«

Zurück in München, meinte meine Mutter: »So, nun müssen wir die Schmids endlich einladen, ich ruf sie jetzt mal an.«

»Die Schmids? Wieso denn die Schmids? Die rufst du nicht an. Ich lad doch die Schmids nicht ein, das kommt gar nicht infrage.«

»Aber du hast es ihnen doch schon so oft versprochen.«

»Hab ich das? Ja, ich denk doch gar nicht dran. Was tät ich denn hier mit den Schmids?«

»Und warum sagst du den Leuten dann immer, dass sie kommen sollen, wenn du es dann doch gar nicht willst?«

»Na, das ist eben so eine Floskel, so was muss man doch nicht einhalten.«

»Hast du denn überhaupt kein Herz?«

»Ein Herz ist bloß ein Muskel.«

Irgendwann wurde die Chiemgau-Wohnung dann kaum noch genutzt. Sie war zu einer finanziellen Belastung geworden, aber trotzdem wollte sie mein Vater auf keinen Fall aufgeben, denn noch immer war die Wohnung auf dem Land sein ganzer Stolz und neben den vermeintlich wertvollen Büchern sein einziger Luxus.

*

Einmal war Vater entschlossen, in so ein Fitnesscenter zu gehen, damit er fit wird. Ich hab ihm abgeraten.

»Vater«, sag ich, »erstens nehmen sie dich da gar nicht, so wie du daherkommst, zweitens kannst du das gar nicht machen. Du hast dein Leben lang noch nie einen Fuß gerührt, wenn's nicht unbedingt hat sein müssen. Du bist ja höchstens spazieren gegangen, du bist die meiste Zeit gelegen, gesessen, oder hast gesoffen, was sollst du da plötzlich fit werden durch so ein Fitnesscenter? Du krachst da ja zusammen.«

»Ja«, sagt er, »aber das macht der Mönnich auch. Der Mönnich macht das seit Jahren, der hat bloß eine Niere und ist schwer zuckerkrank, und noch irgendwas hat

er, ich weiß nicht, was. Der ist schon über achtzig und hat mir das sehr empfohlen. Er kennt in München ein Fitnesscenter, und da kann ich mich doch auch anmelden.«

Ich hab gesagt: »Da wartest du jetzt ein bisserl, denn da knöpfen sie dir nur wieder einen Haufen Geld ab und du kannst überhaupt nicht hingehen, aber das ist denen ja wurst, wie du ausschaust und ob du dann auch wirklich kommst, die Hauptsach ist, dass du brav zahlst.« Er hat aber so lang keine Ruhe gegeben, und ich hab gesagt: »Na gut, dann erkundige dich halt doch mal. Geh hin und schau, was da los ist, da sind bestimmt lauter junge Leut drin, und der Mönnich hat ja so einen Haufen Geld, und die nützen ihn sicher aus, dass es schlimmer nicht mehr geht, denn so Dumme werden's auch nicht viele finden, die schon nicht mehr kriechen können und dann noch in so ein Fitnesscenter gehen.«

Am Ende ist dein Vater dann doch nicht hingegangen, und ich war froh.

*

Eines Nachts stürzte mein Vater vor der Haustür. Eine Nachbarin fand ihn auf dem Boden liegend und rief sofort nach einem Arzt. Der kam zusammen mit seinem Bruder, zu zweit und mit Mühe schafften sie es, meinen schweren Vater die drei Stockwerke hinauf in seine Wohnung zu schaffen. Meine Mutter hatte bereits im Bett gelegen und öffnete ihnen schlaftrunken die Tür.

Am Seemannsgang meines Vaters konnte man erkennen, dass er sturzbetrunken war.

»Nehmen Sie irgendwelche Medikamente?«, fragte ihn der Arzt.

»Neinwiesodenn? Binnichtkrank«, nuschelte mein Vater. »Wasisnüberhauptlos?«

»Sie sind gestürzt«, sagte der Arzt. »Können Sie sich nicht erinnern?«

»HatnurmeinFußeinbisslgeschwächelt«, sagte mein Vater.

Der Arzt wandte sich an meine Mutter: »Sollte er noch weiter Schwierigkeiten haben, sollte es schlimmer werden und er Schwindel verspüren, dann rufen Sie bitte einen Notarzt.«

»Ja, Menschenskind«, sagte meine Mutter. »Warst du wieder am Bahnhof und hast gesoffen.«

»AchlasstmichdochalleinRuh!«, nuschelte mein Vater.

Kurz darauf stürzte er ein zweites Mal. Käseweiß kam er nach Hause.

»Was ist denn passiert?«

»Nichts, bin nur dumm gefallen.«

»Schon wieder? Ja, wo denn?«

»Direkt vor dem Bahnhof. Ich bin hingefallen, und zwei Ausländer haben mir hochgeholfen. Sie haben gemeint, ich bin besoffen, aber ich war gar nicht besoffen, sondern bin ganz normal dagestanden. Sie wollten schon einen Notarzt holen, aber mir ging es wieder gut. Meine Brille ist irgendwo gelegen, und jemand hat sie aufgehoben und mir gebracht. Jetzt ist sie ganz verbogen. Da schau, alles gebrochen und locker, und ich seh gar nicht mehr richtig mit ihr.«

»Ich bring sie dir morgen gleich zum Optiker«, sagte meine Mutter.

»Nein, das tust du nicht! Der macht sie mir nur noch vollends kaputt.«

»Aber wieso denn? Ein Optiker, der weiß, wie das geht. Der macht das sicher richtig.«

»Ich will keinen Optiker! Das sind alles nur Vollidioten! Die haben doch keine Ahnung von meiner Brille!«

Wochenlang trug mein Vater seine nun mit Tesafilm notdürftig zusammengeklebte Brille, dann endlich durfte meine Mutter sie doch noch zu einem Optiker zu bringen. Dort war die Sache in fünf Minuten erledigt.

Wenn mein Vater in Gesellschaft war, blieb er immer nüchtern. Mehr als ein, zwei Bier gab es dann nicht für ihn.

Richtig getrunken hat er nur allein, manchmal bereits tagsüber, wenn er durch die Stadt bummelte, um sich zu inspirieren, und am Abend, wenn er in seinem Zimmer Musik hörte oder in seinen Büchern las. Und natürlich trank er bei seinen Streifzügen durch den Hauptbahnhof. Was zog ihn immer wieder dorthin? Was faszinierte ihn so? Für irgendwelche Züge hatte er sich nie interessiert. War es Fernweh? Vielleicht gefiel ihm das geschäftige Kommen und Gehen der Reisenden. Meine Mutter ahnte jedoch inzwischen, dass er dort die Stripclubs und Rotlichtbars aufsuchte, und irgendwann sagte sie zu mir: »Ja, wenn er genug Geld hätte, dann wär mir das doch ganz egal, dass er da hingeht. Er macht ja eh, was er will. Aber wo er doch so wenig hat! Kann es sein, dass er sein weniges Geld in diesen Schuppen verpulvert? Ich werd das sowieso nie erfahren, und ich kann es eh nicht ändern, also ist es mir wurst!«

*

Beate hatte es damals länger als ich ausgehalten in unserem Ottobrunner Reihenhaus, obwohl sie mit unserem Vater auf Kriegsfuß stand. Mit den lustigen amerikanischen Soldaten der McGraw-Kaserne war sie am Wochenende gern zum Tanzen gefahren. Als sie einmal eines Nachts etwas später als sonst nach Hause gekommen war, hatte unser Vater vom Sofa aus wutentbrannt eine Flasche nach ihr geworfen. Die hatte Beate nur knapp verfehlt und war neben ihr gegen die Wand geknallt.

Inzwischen lebte sie mit Larry zusammen, einem fröhlichen Amerikaner. Larry war Ingenieur, kannte sich aus mit militärischen Helikoptern und fetten Steaks, die er auf seinem Balkon auf den Holzkohlegrill legte. Und wenn sich seine Nachbarn über den Qualm aufregten, meinte er cool: »*Bullshit!* Alles Arschlöcher!«

Er half meinem Vater, in einer Deckenlampe die Glühbirne zu wechseln, und stand dabei oben auf einer Staffelei. Mein Vater traktierte ihn so lange mit nervigen Ratschlägen und Kommentaren, bis Larry schließlich der Kragen platzte.

»Shut up!«, rief er meinem Vater verärgert zu. »Du bist eine große Arschloch!«

Merkwürdigerweise nahm ihm das mein Vater überhaupt nicht übel, im Gegenteil. Großen Respekt hatte er jetzt vor Larry, der es gewagt hatte, so etwas zu ihm zu sagen, und noch lange Zeit danach erzählte er das gern als amüsante Anekdote.

Beate und Larry heirateten bald, aber eigene Kinder haben sie nie bekommen. Dass Larry bereits zwei schon ältere

Kinder hatte, das hat er Beate erst lange nach der Hochzeit verraten.

Ein paar Jahre später wanderten sie zusammen nach New Mexico aus, und Beate lernte Golf spielen und wurde amerikanische Staatsbürgerin. Vater hat sie danach noch zwei- oder dreimal gesehen, bei ihren kurzen Besuchen in München.

Aber zu seiner Beerdigung ist sie nicht extra herübergeflogen.

Meinen Vater hatte ich länger nicht gesehen …
Er hatte den Kontakt zu mir abgebrochen, als er hörte, dass meine beiden Kinder den Familiennamen meiner Frau trugen.

Und dann saß ich eines Mittags mit Freunden und meinem Cousin in München draußen vor einem italienischen Lokal, als ich ihn plötzlich auf der schräg gegenüberliegenden Straßenseite herankommen sah.

Leicht schwankend und ein wenig zu nah an der Hauswand kam er eher langsam voran. Ich beobachtete, wie er unvermittelt stehen blieb, wie er einen langen, prüfenden Blick in eines der Parterrefenster warf, dann weiterging zum nächsten Fenster, das er ebenso interessiert in Augenschein nahm. Ich sah ihn zur Mitte des Gehwegs schlurfen, dort verharrte er und starrte regungslos in die Luft, als hätte er da oben irgendetwas Interessantes entdeckt.

Instinktiv wollte ich ihm etwas zurufen, wollte zu ihm hinüberlaufen und ihn an unseren Tisch bitten. Aber ich blieb still sitzen. Ich wusste ja nicht, wie er reagieren würde, wenn ich nach so langer Zeit unerwartet vor ihm stand. Vielleicht wäre das auch für ihn eine unangenehme Begegnung, so wie es für mich unangenehm war, wenn ihn meine Freunde in diesem betrunkenen Zustand kennenlernten. Mein Cousin hielt meinen Vater für einen stets fröhlichen und souveränen Geistesmenschen und hatte keine Ahnung, wie gern er manchmal über den Durst trank. Glücklicherweise saß er mit dem Rücken zur Straße und hatte ihn noch nicht entdeckt.

Noch immer stand mein Vater regungslos da mitten auf dem Gehweg, keine dreißig Meter von uns entfernt, und ich hoffte, er würde endlich weitergehen. Jetzt sah ich ein dünnes Lächeln in seinem Gesicht, und als er sich immer noch lächelnd in Bewegung setzte, ohne mich entdeckt zu haben, da war ich erleichtert. Jedoch blieb ein trauriges Gefühl zurück, und ich beschloss, ihn trotz unseres Zerwürfnisses schon bald mal wieder zu besuchen.

*

Einmal ist er ein bisschen schlanker geworden, und er war so glücklich darüber und wollte sich auch anders kleiden. Er hat sicher auch einen Nachholbedarf gehabt und wollte jetzt einen neuen, dunkelblauen Nadelstreifenanzug haben. Den hat er anprobiert in einem Geschäft, aber ich hab gesehen, dass er ihm überhaupt nicht passt.
»Nein doch«, hat Vater gesagt, »der gefällt mir sehr, der ist schön, da fühl ich mich wohl, den will ich haben.«
Auch die Verkäuferin hat gesagt: »Der Anzug passt Ihnen hinten und vorne nicht, sehen Sie, auch die Schultern passen nicht, die sind doch zu groß.«
»Nein, nein, der ist gut«, hat Vater gesagt, »der gefällt mir sehr.«
»Nein, wir gehen noch woandershin«, hab ich gesagt, »dann kriegst du sicher einen, der dir richtig gut passt. Den hier können wir nicht nehmen, der geht doch wirklich nicht.«
Die Verkäuferin hat ihn dann zu einem anthrazitfarbenen

Anzug überredet. Der hat ihm gut gestanden, er hat wunderbar hineingepasst, und ich hab gesagt: »Dann nimm doch den.«
Er war einverstanden, wir haben ihn gekauft, aber er hat ihn danach nur ein einziges Mal angehabt.
Jedes Mal aber, wenn er jemanden im Fernsehen gesehen hat, der so einen Anthrazitanzug angehabt hat, jedes Mal hat er gesagt, ich brauch noch mal einen neuen Anzug, und zwar so einen in Anthrazit, wie der da im Fernsehen.
Ich hab gesagt: »Wieso denn, du hast doch schon einen Anthrazitanzug?«
»Nein«, sagt er, »ich hab aber keinen solchen.«
»Warte, ich trag ihn dir her«, sag ich, »du hast ihn doch im Schrank, dann schau ihn dir doch an!«
»Aber der da im Fernsehen ist viel schöner als meiner«, sagt er, »genau so einen brauch ich.«
»Also gut«, sag ich, »dann kaufst du dir eben noch mal einen und genau so einen. Obwohl das Blödsinn ist, denn du hast deinen ja erst ein einziges Mal angehabt.«
»Nein, trotzdem, ich brauch einen neuen«, sagt er.
Was war das jeden Tag ein Geschiss mit diesem blödsinnigen Anthrazitanzug, bis er sich endlich noch mal einen gekauft hat und der hat ihm dann gefallen. Auch noch einen älteren dunkelblauen hat er ja gehabt und drei graue Joppen. Dazu eine Unmenge Hosen, alles im gleichen Stil, recht schön, saubere Sachen hat er gehabt, aber da war er absolut nie zufrieden, weil er sich in den Sachen nicht schön genug gefunden hat.
Dann hat er sich diese Parfüms gekauft für teuerstes Geld, weil er gemeint hat, er muss gut riechen. Hat ja auch

immer mal was Uriniges in der Hose gehabt, hat es halt nicht immer halten können, da geht halt auch mal was daneben. Das teure Parfüm, das Herrenparfüm, das er sich gekauft hat, das hat an die hundert Mark gekostet, das weiß ich, weil ich danach in einen Laden hineingegangen bin und gefragt hab, was so was kostet.
Mit dem teuren Parfüm hat er sich dann das Hosentürl fest eingesprüht, aber in der Kombination hat das dann so grausam gerochen, und ich hab gesagt: »Das kannst du doch nicht machen.«
»Wieso, das verfliegt sich dann schon etwas in der Luft«, hat er gesagt, wenn er zu seinen Bestrahlungen gegangen ist, wegen seinem Prostatakrebs, der dann ja zum Glück schnell weggegangen ist.
Das Einparfümieren aber war so grauslich, und ich hab gesagt: »Mensch, wenn du das Parfüm weglassen tätest, wär das besser als dieser Doppelgeruch da.« Aus den Hosen hat man das eh nicht mehr richtig weggebracht, außer beim Waschen, aber eine Herrenwollhose, die kannst du nicht dauernd waschen. Eine Unterhose, die kannst du dauernd waschen, aber so eine Herrenhose nicht. Da hat er mir schon furchtbar leidgetan. Er hat ja alles gemacht, damit er wieder gut dasteht, aber es war halt schwierig gewesen.

Den beiden Arzthelferinnen, die meinen Vater während seiner Behandlung so freundlich betreut hatten, schenkte er zum Dank jeder einen schönen Bildband. Meine Mutter war gar nicht begeistert davon. »So ein Schmarren«, sagte sie. »Du hast kein Geld und schenkst denen so teure Sachen. Die machen doch auch nur ihre Arbeit, das muss doch wirklich nicht sein!«

»Das haben sie verdient«, meinte mein Vater. »Sie waren so nett zu mir, da ist ein kleines Geschenk doch das Mindeste.«

»Aha«, sagte meine Mutter, »also kriegt jetzt jeder, der nett zu dir ist, so ein teures Geschenk? Da bin ich aber gespannt, wann ich mal ein Geschenk krieg von dir. Darauf kann ich noch bis in alle Ewigkeit warten.«

Schließlich zog ich in den Münchner Stadtteil Haidhausen ... Ich hatte eine Scheidung hinter mir, fand eine kleine Wohnung und nicht weit davon entfernt einen passenden Arbeitsraum, hoch oben im 5. Stock, in einem notdürftig ausgebauten Dachgeschoss. Der große Raum hatte eine niedrige Decke und Dachschrägen, in einem Nebenraum gab es drei provisorische Holzverschläge mit Klos, denn bis kurz zuvor hatte man hier noch etliche Leiharbeiter einer Baufirma untergebracht. Es gab nur kaltes Wasser und als Waschgelegenheit eine meterlange Zinkwanne mit mehreren Wasserhähnen.

Ich war sehr glücklich über meinen neuen Arbeitsraum, strich den Fußboden sandfarben und die Wände weiß, und die eiserne, graue Eingangstür wurde schön hellblau. Wenn ich nach unten musste, um den Papierkorb auszuleeren, war das jedes Mal eine sportliche Herausforderung, und nur wenige Leute verirrten sich unangemeldet zu mir nach oben.

Mein Vater besuchte mich jahrelang nicht in meinem Atelier. Dafür schleppte sich meine Mutter hin und wieder die vielen Stufen hinauf, meistens, um mir ihr Herz auszuschütten. Ausführlich beklagte sie sich dann über meinen Vater, berichtete mir die neuesten unangenehmen Erlebnisse, weihte mich in ihre privaten Dinge ein, die mich, wie ich fand, gar nichts angingen.

Natürlich tat ihr das gut, trotzdem ging mir diese ständige Stimmungsmache gegen meinen Vater immer mehr gegen den Strich. »Ich will nicht länger euer Eheberater sein!«, erklärte ich ihr irgendwann, als es mir wirklich zu viel wurde. Und ich riet ihr, doch endlich zu einem Psychologen zu gehen, der ihr aus der unglücklichen Situation heraushelfen konnte. Doch davon wollte sie nichts hören.

Ich hatte inzwischen gut zu tun, hatte bereits für die verschiedensten Zeitungen und auch Zeitschriften gezeichnet, und Cover für Kinderbücher gemacht. Einen Malkurs für Kinder hatte ich geleitet, dann erste Kinderbücher illustriert und zwei kleine Bücher mit eigenen Geschichten veröffentlicht.

Und dann kam ich auf die Idee mit den Olchis, diese kleinen Grünlinge, die inzwischen zu meinen treuesten Freunden geworden sind und die mich bis heute begleiten.

»Wie bist du darauf gekommen?«, fragten mich die Kinder immer wieder bei meinen Lesungen.

Dann erzählte ich ihnen, dass ich mit Tee und Kuchen auf dem Sofa saß und auf einem Stück Papier herumkritzelte.

Kleine Monster habe ich da gezeichnet. Sie hatten keine Ohren, dafür drei Hörhörner und dicke Auberginennasen. Grün sollten sie sein und fürchterlich müffeln, so wie es sich für richtige Monster gehört.

Und sie sollten sich ganz anders als wir Menschen benehmen. Beziehungsweise – sie sollten sich eben gar nicht benehmen!

Beim Essen sollten sie die Füße auf den Tisch legen, und Schmatzen und Rülpsen mussten zum guten Ton gehören.

Faulige, rostige, vergammelte Sachen sollten sie mögen

und nichts Süßes. Und vorbildlich entspannt sollten sie außerdem sein, so ein bisschen monsterige Lebenskünstler eben. Erschreckend, anarchisch, aber doch liebenswert.

Meine kleinen Grünlinge durften auf einer fantastischen Müllkippe leben, wo sie alles fanden, was sie brauchten. Waschen mussten sie sich nie, dafür aber durften sie in Matschpfützen herumhüpfen.

Und sie sollten eine große Freiheit verkörpern. Im Denken und im Handeln, aber natürlich immer verantwortungsvoll, denn schließlich ging es hier um eine Geschichte für Kinder.

Maximale Freiheit bei gleichzeitiger Geborgenheit in einer Großfamilie – das war's! Freiheit und Geborgenheit, das brauchst du beides, dachte ich, denn erst in dieser Kombination ist das Leben perfekt. Wenn du dich behütet und kuschelig geborgen fühlst, dann sehnst du dich nach Freiheit. Und kaum brichst du aus, dann wird dir die große Freiheit zu viel und du vermisst die Geborgenheit. Kann aber auch sein, dass die Geborgenheit erst dann schön ist, wenn du die Freiheit hast, sie zu verlassen, sonst engt sie dich schnell ein. Und Freiheit genießen ohne Geborgenheit ist auch nicht einfach.

Mein Vater brauchte ständig Betreuung und war aufgehoben in seiner Familie, aber er konnte es nicht ertragen, und es zog ihn immer wieder fort. Den großen Schritt hinaus in die Freiheit wagte er jedoch nicht zu tun. Er hat sich die Freiheit nicht zugetraut und seine Familie dafür bestraft. Weder die Geborgenheit noch die Freiheit hat er ausgehalten und vielleicht beides in dem Sinn gar nicht gekannt.

Aber so etwas kommt öfter vor, an jeder Ecke findest du jemanden, dem es genauso geht.

Mit meinen neu erfundenen Figuren bastelte ich mir also eine ziemlich schräge Idealfamilie zusammen. Drei Kinder, Oma, Opa, Mama und Papa lebten da in meiner exzentrischen Großfamilie. Und eine Fledermaus und einen Drachen als Haustier brauchten sie natürlich auch noch. Und einen Namen.

Irgendetwas mit O konnte ich mir vorstellen ... Odel, fiel mir ein, Moder, Olme und Molche.

Molchis vielleicht? Nein, besser war Olchis. »Die Olchis« mussten sie heißen! Sofort dachte ich mir eine erste Geschichte zu den Olchis aus und gab ihr den selbstbewussten Titel »Die Olchis sind da!«, so als hätte man schon auf sie gewartet.

Meinem Hamburger Verlag gefiel meine neue Idee so einigermaßen.

Dass diese Grünlinge nicht gut rochen und gewöhnungsbedürftige Ausdrücke benutzten (*Muffelfurzteufel! Schleimeschlamm und Käsefuß! Rattiger Hühnerich!*), dass sie hin und wieder sogar kräftig pupsten, schien auf den ersten Blick nicht unbedingt eine Erfolgsgarantie.

Trotzdem wurde ein erstes kleines Olchi-Büchlein gedruckt. Illustrieren durfte ich es in Schwarz-Weiß, denn farbige Bilder waren zu kostspielig. Bald kamen noch ein zweites und ein drittes Olchi-Buch dazu, ganz langsam durften sich meine Grünlinge nun vermehren und weiterentwickeln. Zahlreiche Leserbriefe von Kindern spornten mich zusätzlich an, mir immer neue Abenteuer auszudenken, und bald war auch der Verlag überzeugt, dass die liebenswerten Grünlinge, die nichts Frisches vertrugen, genau das Richtige waren.

Nun zeichnete ich auch große Olchi-Bilderbücher, baute

die olchige Welt immer mehr aus, veröffentlichte dann im Laufe der Zeit etliche Kinderbücher, Lieder, Hörspiel-CDs, Theaterstücke, eine Planetariumshow und einen Kinofilm.

Wurde ich zu Lesungen an Schulen eingeladen, dann war man dort anfangs eher skeptisch. Da sagte der Direktor schon mal: »Also, wir wären Ihnen dankbar, wenn Sie nicht unbedingt etwas aus diesen ... äh ... Molchis vorlesen würden.«

»Sie meinen die Olchis? Aber haben Sie denn schon einmal ein Olchi-Buch gelesen?«

»Nein, das nicht. Aber von einigen Eltern hab ich gehört, dass sie fluchen und stinken und so weiter. Sie verstehen sicher. Sie haben doch auch noch andere schöne Bücher geschrieben ...«

Natürlich las ich den Kindern dennoch aus den Olchis vor, denn genau das wollten sie ja hören.

Inzwischen hat sich das längst geändert. Olchi-Bücher werden oft im Unterricht verwendet, und gerade wegen der Olchis erreichen mich viele Anfragen für Lesungen an Schulen, auch aus weit entfernten Ländern.

Meinen Vater hat meine Arbeit an Kinderbüchern nicht sonderlich interessiert, denn Kinderbücher waren naturgemäß nicht seine Welt. Ich wusste aber, dass er meine Zeichnungen sehr schätzte. Und ich erinnere mich an seinen Kommentar, als er doch einmal eines meiner Bücher gelesen hatte.

»Gute Sprache, keine schlechten Dialoge, ja so was kannst du.«

Also, wenn so etwas von einem Vater wie meinem kommt, dann merkst du dir das.

Das Haus in der Theresienstraße bekam einen Neuanstrich … Dafür wurde ein Gerüst mit einer Plane aufgebaut. Mein Vater tobte brüllend durch die Wohnung. »Diese Vollidioten! Ich kann nicht mehr aus dem Fenster sehen! So kann ich nicht mehr arbeiten!«

»Was musst du auch aus dem Fenster schau'n beim Arbeiten?«, sagte meine Mutter.

»Dieser Lärm und dieser Dreck! Es ist nicht auszuhalten! Eine bodenlose Frechheit ist das!« Wütend verkroch er sich in seinem Zimmer. Am Abend hörte meine Mutter einen dumpfen Schlag. Als sie erschrocken ins Zimmer meines Vaters lief, sah sie ihn auf dem Boden liegen, eine Fensterscheibe war zerbrochen, Bücher und zerrissene Karteikarten lagen auf dem Boden, der Inhalt des Papierkorbs war im Zimmer verteilt.

»Mein Gott, was ist denn los? Bist du hingefallen?«

Mühsam gelang es ihm, aufzustehen. »Nein, ich lieg da nur, weil ich im Liegen besser arbeiten kann. Tagsüber kann ich ja nicht mehr arbeiten bei dem Lärm.«

Er ging in den Flur, nahm seinen Mantel vom Haken und wollte unbedingt noch zum Hauptbahnhof, um sich dort die neuesten Tageszeitungen anzusehen.

»Ach, dann mach doch, was du willst!«, sagte meine Mutter und ließ ihn gehen. Als sie später am Abend aus dem

Fenster in den Hof hinuntersah, war mein Vater schon wieder zurückgekehrt. Er stand still in einer dunklen Ecke an die Hauswand gelehnt und hatte eine Flasche in der Hand. Ohne ihn anzusprechen, machte meine Mutter das Fenster wieder zu. Er würde sicher hochkommen, sobald er seinen Schnaps ausgetrunken hatte.

Er ist dann wieder dicker geworden von der Schnapstrinkerei, und von einem Sommer zum anderen hat ihm nichts mehr gepasst und von einem Winter zum anderen auch nichts mehr. Zum Beispiel hat er Unterhosen gebraucht, die dreiviertellang waren, aber für seinen fetten Bauch hat es nur ganz lange gegeben. Mit dem Maßband hab ich ihm seine Unterhosen abgemessen. »Nein«, hat er gesagt, »sie sind jetzt fünf Zentimeter zu lang, ich kann doch nicht mit so langen Unterhosen gehen.« Ich bin dann in sämtliche Geschäfte gerannt, mit dem Maßband, die haben dort gedacht, die spinnt, die Alte, aber es war nun mal so.

Die einen Unterhosen waren ihm zu dünn, die andern waren zu dick. Ich kann nicht aufstehen, hat er gesagt, ich kann nicht aufstehen, weil ich keine Unterhosen hab. Ehrlich gesagt, hat es für seine Wampe keine gegeben in der gewünschten Größe.

Wie er dann wieder etwas dünner geworden ist, hat er nur noch ganz lange Unterhosen anziehen wollen, weil er sonst in der Nacht Fußschmerzen hat, furchtbare Fußschmerzen, hat er gesagt. Er hat drei lange Unterhosen gehabt, aber das waren nur so Dreiviertelunterhosen, da hat so ein kleines Stückl gefehlt, und dann war da immer eine nackerte Stelle am Bein. Und obwohl doch seine Wollhose drüber war, hat ihn das gestört, und er hat gesagt, dass ihm so eine zu kurze Dreiviertelunterhose seine Fußschmerzen verursacht, und daran bin ich dann schuld.

*

Noch immer zeigte mein Vater Interesse an den Uni-Vorlesungen, wenn er auch nicht mehr so oft und regelmäßig hinging wie früher. Noch immer notierte er alles Wissenswerte mit gespitztem Bleistift in seine karierten Hefte, die er dann zu Hause im Schreibtisch verstaute.

»Ich weiß nicht, was das soll«, beschwerte sich meine Mutter immer mal wieder. »Wenn er etwas daraus machen würde. So ein Professor verdient wenigstens sein Geld mit seinem Wissen, aber der Vater hat ja nie im Leben irgendeinen Abschluss gemacht. Hat sich immer davor gedrückt oder war sich zu fein dafür. Warum hat er sich nie an der Uni eingeschrieben? Keine Ahnung. Aber wenn ich was sage, zählt das ja nicht, auf mich hört er nicht. Ich weiß auch nicht, was mit dem Mann los ist, wozu er sich das ganze Zeug aufschreiben muss und danach nie mehr im Leben anschaut. Also nein, das bringt doch nichts. Es ist zum Verzweifeln!«

Das Verhältnis zu meinem Vater hatte sich gerade wieder etwas gebessert, und an manchen Sonntagen luden mich meine Eltern zum Essen ein. Bei so einer Gelegenheit verkündete mir mein Vater, dass er mich dieses Jahr zur Frankfurter Buchmesse begleiten wollte. Er fragte mich, ob ich für ihn ein zusätzliches Zimmer in meinem Hotel reservieren könnte.

Er war noch nie auf der Buchmesse gewesen und sehr

neugierig auf den ganzen Messetrubel und die Neuerscheinungen der Verlage.

Trotz meiner heimlichen Bedenken, er könnte während der Messetage zu einer Belastung werden, willigte ich ein.

Die Zimmerreservierung hatte wundersamerweise geklappt, jemand hatte unerwartet abgesagt, und so fuhren wir beide zusammen in meinem Auto nach Frankfurt.

Wir kamen in einer preisgünstigen Pension in einem renovierungsbedürftigen Altbau unter, gar nicht weit entfernt von den protzigen Glastürmen der Deutschen Bank. Ein enger Lift, in den wir beide gerade so hineinpassten, brachte uns nach oben in den 5. Stock zur Pension von Herrn Carlotti. Wie schon all die Jahre zuvor hing an der Eingangstür ein Schild: *Klingel vorübergehend defekt! Bitte klopfen!*

Mit Herrn Carlotti verstand sich mein Vater auf Anhieb. Er wurde von ihm sofort ins Herz geschlossen, und sie führten angeregte Gespräche über die Italienreisen meines Vaters, die italienische Küche und die fragwürdigen Zustände in der Politik.

Mein Vater fühlte sich sehr wohl, und die angestaubte Atmosphäre störte ihn nicht im Geringsten. Nicht alle Glühbirnen in den Zimmern funktionierten, die leicht ramponierten Waschbecken waren nicht wirklich sauber, und die Nachtkästchen hatten Brandflecken. Ein nicht mehr ganz frischer, leberwurstbrauner Teppichboden zog sich durch alle Räume und im Frühstücksraum auch noch gut einen Meter die Wände hoch.

Mein Vater genoss sein kleines Abenteuer sichtlich, und Herrn Carlotti hielt er für »einen Mann von Witz und Verstand«, »einen Schöngeist, wie man ihn nicht alle Tage findet«. Er blühte richtig auf, und noch nie hatte ich ihn so ausgeglichen gesehen wie in diesen Tagen.

Während der Messezeiten war Herr Carlottis Pension normalerweise immer ausgebucht, und dass wir noch ein Zimmer für meinen Vater bekommen hatten, war reines Glück gewesen.

»Isse eine Wunder!«, rief Herr Carlotti und hob die Hände zum Himmel. »Hatte jemand abgesagt und isse Schicksal!«

Morgens beim dürftigen Frühstück im vollbesetzten Frühstücksraum hörten wir Herrn Carlotti draußen im Flur lautstark telefonieren. Allem Anschein nach hatte er jemanden vom Finanzamt am Apparat.

»Madonna!«, rief er in sein altmodisches Telefon. »Ich zahle so viele Steuer, ich bin eine arme Mann. Si si si! No no no! Weiße auch nicht, was isse los hier. No no no! Komme Sie und überzeuge Sie sich! No no no! Komme Sie und sehe Sie mit eigene Auge: Hier isse keine Mensch. Isse gähnende Leere bei mir. Kanne nicht erkläre, warum. Gähnende Leere. Si si si! Überall nur gähnende Leere.«

Mein Vater fand den schlitzohrigen Herrn Carlotti sehr amüsant und erzählte noch lange danach Anekdoten über ihn. Sogar die Kakerlake, die er am letzten Tag unter seinem Waschbecken gefunden hatte, verzieh er ihm sofort. Interessant, dachte ich, wen er einmal in sein Herz geschlossen hat, der darf sich wirklich allerhand erlauben.

Auch auf der Messe ging alles gut. Tagsüber gingen wir getrennte Wege, und an den Abenden saßen wir zusammen mit meinen Freunden und Kollegen in einem Lokal. Dabei erwies sich mein Vater wieder einmal als unterhaltsamer Gesprächspartner, und alle mochten ihn.

»Was für ein netter Mann«, hörte ich meine Freunde sagen. »Mit so einem Vater hast du echt Glück.«

*

Dein Vater hat dann einen Anorak gebraucht, er ist aber nicht selber losgegangen, sich einen kaufen, hat sich ins Bett gelegt und gesagt, er kann nicht fortgehen ohne so einen Anorak.
Ich hab seinen Bauch abgemessen, bin losmarschiert und in die Geschäfte gegangen und hab dort die Anoraks abgemessen, ob ihm einer passen könnte. Ich hab gefragt, ob ich sie mitnehmen darf zur Probe, hab sie schon mal anbezahlt und heimgeschleppt, und daheim hat Vater sie dann anprobiert.
Könnt noch ein bisserl größer sein, hat es dann geheißen, oder ein bisserl kleiner vielleicht, und die Farbe stimmt auch nicht.
Am Ende ist er doch noch aufgestanden und selber in das Geschäft gegangen und hat sich einen Anorak gekauft.
Es war oft so beschissen damals, aber ich glaub, dass der Mann so gemütsarm war, dass er gar nichts dafür konnte, dass er so egozentrisch war. Dein Großvater hat ja damals zu mir gesagt, er eignet sich absolut nicht für eine Ehe, und ich glaub, er hat recht gehabt. Dabei war ich so verliebt in den Mann, ich war unendlich verliebt damals als junge Frau. Er war ja sehr schön, und er war bei allen sehr beliebt und hat so gut auftreten können.
Jetzt, wo es ihn nicht mehr gibt, da merk ich, dass ich nie in ein Frauengeschäft schaue, sondern immer nur zu den Herrenmoden. Ich schau auch im Kaufhaus sofort auf

die Herrenhemden, der Mann hat ja auch so um die 40 oder 50 Hemden gehabt, ich hab ja immer nur auf ihn geschaut, dass alles passt und dass es erträglich ist und gut geht.

»Die Buchmesse hat sich echt für mich gelohnt!« ...
verkündete mein Vater kurz nach unserem Frankfurtbesuch:

»Nun habe ich mich endlich entschlossen, einen Roman zu schreiben.«

»Ach du lieber Himmel!«, rief meine Mutter erschrocken. »Worüber willst du denn einen Roman schreiben? Muss das unbedingt sein?«

Er hatte ja schon einiges geschrieben, aber das waren alles Sachthemen gewesen, Texte über Italien, über die Pfalz, über deutsche Städte, so etwas konnte er. Aber einen Roman?

»Du bist doch kein Romanschriftsteller!«, meinte meine Mutter. »Und in deinem Alter? Bist du dir sicher, dass das unbedingt sein muss? Kannst du das denn?«

»Ja natürlich, warum denn nicht?« Mein Vater war entrüstet. »Es wird ein sehr wichtiges Buch, und wir werden damit garantiert einen Haufen Geld verdienen. Du wirst schon sehen!«

»Na, da bin ich gespannt«, sagte meine Mutter. »Was hast du denn für ein Thema?«

»Es wird eine literarische Dokumentation der deutschen Zustände in den ersten beiden Dritteln des zwanzigsten Jahrhunderts«, sagte mein Vater.

»Soso. Also ein Buch über die Nazizeit? Ein Nazi-Buch? Du meine Güte.«

»Red keinen Blödsinn. Es wird viel mehr als das. Warum redest du immer dagegen?«, rief mein Vater. »Ich hab alles genau geplant, ich hab alles im Kopf und muss es nur noch aufschreiben. Und ich hab ja meine Aufzeichnungen von früher.«

»Aber so ein Roman dauert. Hast du denn die Zeit dazu?«

»Die nehme ich mir. Ich werde mich beim Schreiben an Thomas Mann orientieren.«

Mein Vater liebte Thomas Mann. Er hatte auch alle seine Tagebücher gelesen und wusste genau, in welchem Rhythmus dieser Jahrhundertschriftsteller gelebt und gearbeitet hatte.

»Na, wenn das so ist, dann kann ja nichts mehr schiefgehen«, sagte meine Mutter.

Inzwischen war die kleine Lebensversicherung meines Vaters ausbezahlt worden, das Geld würde sicher so lange reichen, bis der Roman fertig war. Und die bescheidene Rente meiner Mutter hatten sie schließlich auch noch, sie hatte vor langer Zeit ein paar Jahre bei der Post und später als Angestellte in einem Ordinariat gearbeitet.

Überdies versicherte ihr mein Vater, dass sie sowieso nie wieder Geldsorgen hätten, sobald der Roman erst einmal erschienen war. Das Buch würde ein großer Erfolg werden, das war so sicher wie das Amen in der Kirche, das spürte er jetzt schon, daran gab es überhaupt keinen Zweifel.

»Na gut, dann probier es halt«, sagte meine Mutter. »Wer weiß, vielleicht hast du ja tatsächlich mal Glück mit einem Buch. Zu wünschen wär es dir ja.«

»Mit Glück hat das nichts zu tun«, sagte mein Vater. »Man braucht nur den richtigen Verlag dazu, dann läuft das schon.«

Wie angekündigt, orientierte er sich bei seiner Arbeit am Schreibrhythmus von Thomas Mann. Er wusste genau, um wie viel Uhr Thomas Mann morgens zu schreiben begonnen hatte, wann er später zu Mittag gegessen und sich ausgeruht hatte, wann er spazieren gegangen war (mit seinem Hund) und abends ins Bett.

So gut es ging, versuchte er, in diesem Rhythmus zu leben und zu arbeiten, und keiner durfte ihn dabei stören, denn auch den Meister Thomas Mann hatte man beim Schreiben auf keinen Fall stören dürfen.

Meiner Mutter fiel es nicht leicht, sich an diese neuen Regeln anzupassen. Viel früher als sonst stand mein Vater jetzt auf, das Frühstück, Mittag- und Abendessen musste zu einer genau festgelegten Uhrzeit pünktlich auf dem Tisch stehen, und vor Besuchen, Telefonaten und anderen Störungen wollte er geschützt werden. Denn seine Konzentration auf das Werk hatte nun oberste Priorität, und dass für eine so wichtige Sache Opfer gebracht werden mussten, war auch meiner Mutter klar, denn »von nichts kommt nichts«.

»Es wird der Roman meines Lebens«, versicherte ihr mein Vater. »Den muss ich schreiben, egal was wird.«

»Menschenskind, Vatterl!«, sagte meine Mutter beeindruckt. »Das wär ja echt ganz wunderbar, wenn das was wird.«

Irgendwann bekam sie die ersten Seiten des Manuskripts zu lesen. »Die Sprache gefällt mir noch nicht«, gab sie zu bedenken. »Das klingt alles so furchtbar geschwollen.« Mein

Vater sah das ein, warf sein Manuskript in den Papierkorb und begann noch einmal von vorne.

Noch drei- oder viermal gab er meiner kritischen Mutter kleine Auszüge zu lesen, aber dann verlor er die Geduld und bekam einen seiner legendären Wutanfälle. »So ein Schmarren!«, schrie er. »Du verstehst nichts von Literatur. Nie wieder geb ich dir was zu lesen. Ich schreib das jetzt so, wie ich denke. Aus, Ende, basta!«

»Dann frag mich halt nicht mehr«, sagte meine Mutter, »wenn du meine Meinung nicht hören willst. Ich kann nur sagen, was ich denke, und ich kann es dir nicht anders sagen.«

Fast vier lange Jahre schrieb mein Vater an seinem Roman. Er ließ sich Zeit dabei und feilte an jedem Satz. Um für eine Figur in seiner Geschichte einen passenden jüdischen Namen zu finden, konnte er einen ganzen Vormittag auf dem Friedhof verbringen. Er genoss diese Zeit, sein neuer Status als Romanschriftsteller gefiel ihm, und jeder in der Verwandtschaft zollte ihm Respekt.

Natürlich gab es auch Schreibpausen, denn vier Jahre ohne Unterbrechung kann kein Mensch an einem Buch arbeiten, auch mein Vater nicht. Seine Freude an Hochprozentigem machte die ganze Sache nicht leichter, und wenn er am Abend zu viel getrunken hatte, kam anderntags sein Thomas-Mann-Rhythmus doch leicht ins Schleudern.

*

»So eine Eule ist doch wirklich ein schönes Tier«, erklärte mein Vater eines Tages. »Ich habe beschlossen, mir eine Eule anzuschaffen.«

»Eine Eule?«, fragte meine Mutter. »Wie kann ich mir das vorstellen? Du willst doch nicht wirklich eine lebende Eule haben?«

»Na klar eine lebende! Eine tote doch ganz sicher nicht.«

»Aha ... Aber eine Eule in einem Käfig, stell dir das mal vor! Das ist doch nichts. Die hockt den ganzen Tag in ihrem Käfig und schaut traurig heraus, das kannst du doch nicht machen. So eine Eule ist ein Nachttier, die braucht ihre Freiheit, die muss doch herumfliegen in der Nacht.«

»Nein, nein, die gewöhnt sich schon daran. Ich mach für sie einen Platz frei in meinem Bücherregal. Da sitzt sie dann zwischen den Büchern, das ist wie ein Nest für sie.«

»So ein Krampf. Sie fliegt raus und scheißt dir alles voll, du wirst schon sehen.«

»Blödsinn! Das ist typisch für dich, du denkst wieder mal nur negativ. Du denkst immer viel zu engstirnig.«

»Außerdem ist so eine Eule doch ein Riesenvieh. Die ist ja fast so groß wie ein Dackel. Warum brauchst du denn unbedingt so eine Rieseneule?«

»Weil sie nun mal ein tolles Tier ist, darum! Die Eule ist ein Symbol für Weisheit. Was glaubst du, wie gut ich arbeiten kann, wenn ich so eine Eule habe? Die fliegt zu mir her und setzt sich auf dem Schreibtisch neben mich. Da sitzt sie dann und schaut mir bei der Arbeit zu. Das wär doch schön.«

»Also, ich weiß nicht. So eine Eule braucht doch rohes Fleisch. Die braucht eine Maus zum Fressen, und da graust dir doch schon vom bloßen Hinschauen, das willst du doch bestimmt nicht.«

»Ach was, das ist doch kein Problem. Das machen doch andere Eulenbesitzer auch. Daran gewöhnt man sich schnell.«

»Aber ich kümmer mich dann nicht um deine Eule, das kann ich dir jetzt schon sagen. Das kannst du schön alles ganz allein machen.«

»Ja, das ist dann mein Tier, da brauchst du dich gar nicht drum zu kümmern, das mach ich schon, das geht dich gar nichts an.«

»Na, gute Nacht! Und den Dreck kannst du dann auch selber wegputzen.«

»Ach hör doch auf! Jetzt kommst du schon wieder mit deinem Negativdenken. Kannst du das nicht einfach mal sein lassen?«

Eine lebende Eule hat sich mein Vater dann doch nicht angeschafft. Dafür schenkte ihm meine Mutter eine kleine Eule aus Porzellan. Die fand ihren Platz im Regal zwischen seinen Büchern und leistete als Symbol der Weisheit bestimmt hervorragende Dienste.

*

Als das Geld seiner Lebensversicherung aufgebraucht war, ließ sich mein Vater nicht davon irritieren. Er warf sich in seinen alten, dunklen Anzug, nahm zur Lockerung zwei Schnäpschen und machte sich auf den Weg zur städtischen Sparkasse.

Er bat den Filialleiter um einen Kredit, der ihn bis zum Erscheinen seines Romans über Wasser halten würde, konnte aber die nötigen regelmäßigen Einkünfte nicht vorweisen, ebenso wenig einen Immobilienbesitz oder Sachwerte. Jeder andere Bittsteller wäre daran gescheitert, nicht so mein Vater. Er hielt dem Filialleiter eine flammende Rede und überzeugte ihn von seinem Jahrhundertwerk, von diesem bahnbrechenden Buch, welches schon bald fertiggestellt sein würde und einen gewaltigen Erfolg versprach.

»Sie kennen doch Thomas Mann?«, fragte er, und der Filialleiter nickte beeindruckt. »Wissen Sie auch, wie wohlhabend er war? Haben Sie seine Villa in Bogenhausen gesehen?« Wieder nickte der Filialleiter, mit einem Mal überzeugt, dass die zu erwartenden Buchhonorare meinem Vater ein Leben in Wohlstand ermöglichen würden. Da war so ein kleiner Bankkredit doch nur eine Lappalie und wirklich nicht der Rede wert. Am Ende zeigte er sich sogar erfreut, einem so großartigen Autor durch einen kleinen finanziellen Engpass helfen zu dürfen, und mein Vater erhielt einen Privatkredit von zwanzigtausend Mark.

Jetzt konnte er beruhigt weiterarbeiten, und nicht einmal die hohen, monatlich fälligen Zinsen machten ihm Kopfzerbrechen.

Weiß der Teufel, warum dieses Geld so schnell zur Neige ging, auf jeden Fall, sah er sich nach ein paar Monaten gezwungen, die Sparkasse ein zweites Mal aufzusuchen.

»Wie lange soll das noch so gehen?«, fragte ihn der Filialleiter, der nun doch unruhig, wenn nicht gar ein wenig misstrauisch geworden war. »Wann erscheint denn nun endlich Ihr Buch?«

»Keine Sorge, ganz bestimmt schon sehr bald«, vertröstete ihn mein Vater. »Ich bin ja längst in Verlagsverhandlungen, und es ist so gut wie gedruckt. Bin nur noch nicht ganz sicher, ob es auch wirklich der richtige Verlag dafür ist. Wissen Sie, das muss gut überlegt sein, bei einem so wichtigen Werk.«

Das sah der Filialleiter ein, und noch einmal durfte mein

Vater einen Kreditvertrag unterschreiben. Dass, wie schon beim ersten Mal, die Zinsen schwindelerregend hoch waren, störte ihn nicht weiter.

Eines schönen Tages erklärte mein Vater meiner Mutter: »Ich werde mein Buch zum Piper Verlag geben. Das ist ein sehr guter Verlag, und dahin könnte es passen.«

Und so führte sie der Weg zum Piper Verlag, der damals noch in einem alten, unrenovierten Gebäude untergebracht war.

»Nein, um Himmels willen!«, rief mein Vater erschrocken. »Schau nur, wie vergammelt dieses alte Haus aussieht. Die kriegen mein Buch bestimmt nicht. Das kommt gar nicht infrage, da such ich mir einen besseren Verlag.«

Sie verließen diesen Ort des Schreckens und spazierten noch eine Weile am Hochufer der Isar entlang, wo auch Thomas Mann seinerzeit mit dem Hund herumspaziert war.

*

»Dieses scheiß Nazi-Buch!«, hörte man meine Mutter in diesen Tagen immer öfter schimpfen. »Wenn er es nur endlich einmal fertigbrächte. Kein Wunder, dass er so lang dazu braucht, bei seiner Sauferei. Und wo er nur immer wieder Geld herhat? Sicher von der Sparkasse. Keine Ahnung, warum die ihm immer was geben. Er kann sie halt immer wieder einwickeln. Möcht nur wissen, wieso das Geld immer so schnell weggeht bei ihm, keine Ahnung, wo das alles bleibt. Und die Wohnung am Chiemsee mag er auch nicht endlich kündigen, wir sind doch fast nie mehr da draußen. Es ist ihm ja längst viel zu mühsam, da rauszufahren, und er wird ja auch nicht jünger. Aber nein, die Miete lässt er einfach so nebenher weiterlaufen. Wie oft hab ich ihm gesagt, lass uns wenigstens endlich die Chiemseewohnung kündigen, die brauchen wir doch nicht mehr, ist doch schad um das viele Geld. Aber es ist ihm wahrscheinlich peinlich, wenn er sie kündigen muss.«

Eines Tages, als es finanziell wieder einmal eng geworden war, fragte mich mein Vater kleinlaut, ob ich ihm vielleicht etwas Geld leihen könnte.

»Ich brauch es für die Bank«, erklärte er mir.

»Du willst deinen Kredit zurückzahlen? Wie lang hast du den noch an der Backe?«

»Nein, nicht direkt für den Kredit; ich brauch das Geld für die Zinsen.«

»Nur für die Zinsen?«

»Ja, es ist ja eine Sauerei, was die verlangen. Und jetzt machen sie mir auch noch Druck. Du, ich brauch wirklich ganz dringend zehntausend Mark, und du bekommst das auch garantiert wieder, sobald ich flüssig bin.«

»Ah, das klingt beruhigend …«

»Ja, aber sag um Himmels willen deiner Mutter nichts davon, sie soll nicht wissen, dass ich mir von dir Geld leihe. Das wäre ihr gar nicht recht, du kennst sie ja.«

»Wie weit bist du eigentlich mit deinem Buch?«

»Mit dem Buch? Ja, fast fertig! Muss nur die letzten Kapitel noch einmal umschreiben.«

Die letzten Kapitel zogen sich noch drei oder vier Monate lang hin. Dann endlich, als schon keiner mehr daran geglaubt hatte, war das Buch tatsächlich fertig, und auch für meine Mutter war das ein echter Freudentag.

»Weißt du was?«, sagte mein Vater zu ihr. »Ich fahre mit meinem Manuskript zu Walter Jens, der soll es lesen. Er hat die besten Beziehungen und weiß bestimmt einen geeigneten Verlag dafür.«

Den Schriftsteller Walter Jens hatte er vor Jahren in der Buchhandlung Strohmaier kennengelernt, hatte ihn damals bei einer Stadtführung begleitet und fotografiert.

»Ich kenn ihn gut, den Walter Jens, der hilft mir bestimmt«, meinte mein Vater. »Er weiß in der Verlagswelt bestens Bescheid, und wenn er ein gutes Wort für mich einlegt, dann ist das alles kein Problem, du wirst schon sehen.«

»Eine gute Idee«, sagte meine Mutter. »Das machst du.«

Doch noch zögerte mein Vater. Er blieb unentschlossen und überlegte tagelang hin und her, ob das auch wirklich eine so gute Idee war mit dem Walter Jens.

»Warum fährst du denn nicht endlich?«, drängelte meine Mutter. »Du redest jetzt schon seit Wochen davon.«

»Ich kann nicht«, meinte mein Vater kleinlaut. »Ich hab ja nichts zum Anziehen.«

»Meinst du? Na, dann kauf dir halt was Passendes.«

»Aber ich hab kein Geld mehr, das weißt du doch.«

»Ach was, das muss schon gehen, wenn es unbedingt notwendig ist. Gut aussehen musst du da schon beim Walter Jens.«

Im Kaufhaus Konen wurde ein schöner moderner Anzug erstanden, gerade richtig für so einen wichtigen Besuch. Jetzt hatte mein Vater seinen »Walter-Jens-Anzug«, doch noch immer konnte er sich nicht richtig entschließen, die Reise anzutreten.

»Ich kann so nicht fahren«, erklärte er, »mit so einer Frisur.«

»Na, dann geh halt endlich mal zum Friseur!«

»Ja gut, aber erst mal muss ich mir ein paar Zeitschriften kaufen.«

»Zeitschriften? Wieso brauchst du denn Zeitschriften, wenn du zum Friseur musst?«

»Dann kann ich sehen, welche Frisuren momentan so in Mode sind. Ich will eine moderne Frisur. Ich kann mir nicht einfach so die Haare schneiden lassen. Wer weiß, was der Friseur dann aus mir macht. Und wenn ich Pech hab, seh ich aus wie ein Trottel und kann dann unmöglich zu Walter Jens.«

»Aber der Walter Jens schaut sich doch dein Buch an und nicht deine Frisur. Wenn er sich dein Buch überhaupt anschaut ...«

»Jetzt hör aber auf! Natürlich schaut er sich mein Buch an, was denkst du denn? Ich kenn ihn gut, er ist wirklich ein sehr netter Mensch.«

Mein Vater war dann tatsächlich beim Friseur, aber zu Walter Jens ist er nicht gegangen. Dafür sollte ich mir seinen Text jetzt einmal durchlesen.

»Lies doch du das mal, und sag mir, was du davon hältst.« Er schob mir sein fotokopiertes Manuskript über den Esstisch. Es waren sechshundertdreizehn Seiten.

»Na gut«, sagte ich. »Ganz schön viel Text.«

»Dein Vater hat ja auch wirklich lang daran gesessen«,

meinte meine Mutter, und in ihrer Stimme hörte ich Stolz und Erleichterung.

»Lass dir ruhig Zeit damit, es pressiert nicht«, sagte mein Vater. Ich wusste, dass es ihm im Gegenteil doch dringend war mit meiner Meinung, und versprach, den Text noch in dieser Woche zu lesen. War ja auch neugierig auf sein Buch, über das er all die Jahre nicht wirklich viel verraten hatte. Und noch am selben Abend setzte ich mich dran.

Und die Kapitel hießen:

- **Wenn das der Führer wüsste!**
- **Blindgänger, Bettenbauer, Bleiärsche und Brüllaffen**
- **Man wird nicht als Soldat geboren**
- **Helden**
- **Die Sache mit den Ruskis**
- **Der Kaktus und die Unfehlbarkeit**
- **Umwertung aller Werte**
- **Abwechslung erfreut**
- **Mit Speck fängt man Mäuse**
- **Schülerspeisung**
- **Panzeralarm**
- **Reportertaten**

Ich blätterte hinein und begann zu lesen:

Klein Deutschland

Schul- und Schelmengeschichten

Erster Teil.

DAS GUTACHTEN IM FALL WONDRAK

Franz Friedrich Ratisbon erwachte. Erwachte und wusste, es ist ein wichtiger Tag. Heute wird er dem Chef widersprechen. Das hatte er sich gestern beim Einschlafen vorgenommen, felsenfest. Und da er jetzt noch immer derselben Meinung war, gab es keinen Zweifel mehr. Er wird es tun. Selbst wenn es unausdenkbare Konsequenzen haben sollte, denn der Chef war eine ausgesprochene Führungspersönlichkeit. Das musste immerhin bedacht sein. Ratisbon hatte sich also von seinem Wecker aus dem Schlaf holen lassen. Es war bereits halb acht vorbei. Er duschte sich kalt wegen des Kreislaufs, braute koffeinfreien Kaffee wegen des Herzmuskels, rührte Quark an wegen der Proteine und verzichtete auf vieles Weitere wegen des Normalgewichts – obwohl er wusste, dass dies ein unerreichbares Idol für ihn bleiben wird.

Dann griff er zu Vollkornbrot wegen der Ballaststoffe und strich sich nur Margarine drauf, weil auf dem Tisch ein Zettel lag: »Nimm keine Butter!« Das kam von seiner Frau. Seit sie Gewerbetreibende ist, erfolgreich in Antiquitäten aus der Belle Époque und in jeder Beziehung viel bemerkenswerter als ihr Mann, litt sie ohne Unterlass an Zeitmangel und rannte bereits im Morgengrauen aus dem Haus. Ihre Ratisbon betreffenden Anweisungen konnte sie daher nur noch auf kleinen Zetteln festhalten und über die stillen Räume verteilen. Ratisbon nahm also keine Butter. Neben der Margarine lag die Zeitung, bereitgelegt von seiner Frau. So erfuhr er, dass gestern nichts Aufregendes passiert war, weder auf der kleinen Kugel, wo wir uns herumtreiben, noch draußen im All …

Ich las das Kapitel zu Ende und auch noch das zweite und dritte, begann dann, ein bisschen querzulesen, und nach dem Satz »... *Der Weiß, wie gern hätten wir seinen Humanismus, gepaart mit edler Resignation, durch Taten gerechtfertigt* ...« hatte ich keine Lust mehr.

Unangenehm berührt und enttäuscht war ich von dem Text. Nein, ich konnte das nicht zu Ende lesen, alles war altbacken und voller Klischees. Wen interessierte so etwas? Verweigerte Heldenverehrung war das Thema, aber es war so langweilig zu lesen, und ich hatte mir viel mehr erwartet. Ungeschickt fand ich auch, dass er für sich selber den Namen *Ratisbon* gewählt hatte, *Ratisbona* war der historische Name für Regensburg.

»Ratisbon als Vorname gefällt mir nicht«, sagte ich, als ich ihm das Manuskript zurückgab. Und dann versuchte ich mich an einer vorsichtigen Kritik an dem Text, einer Kritik, die ihn hoffentlich nicht allzu sehr enttäuschen würde. Es war nicht einfach.

»Na schön«, sagte er, als ich fertig war. »Dann hast du es wenigstens mal gelesen. Danke für deine Mühe.«

Ein paar Tage später erfuhr ich von meiner Mutter: »Er hat gemeint, du hast keine Ahnung von echter Literatur, und er hätte es dir gar nicht erst geben sollen. So ein Schmarren. Ich glaub, der Walter Jens hätt ihm bestimmt das Gleiche gesagt.«

»Ja, vielleicht. Und was hat er jetzt damit vor?«

»Er will es dem Mönnich zeigen. Das hätte er gleich machen sollen, keine Ahnung, wieso er erst jetzt auf die Idee kommt.«

Ebenso wie Walter Jens war Horst Mönnich ein ehemaliges Mitglied der »Gruppe '47« und somit ganz bestimmt der beste Berater.

*

Er hat sein Manuskript dann am Ende dem Mönnich gezeigt, aber auch der hat ihm gesagt, dass sein Buch völlig unbrauchbar ist und leider gar nicht gut.
Vater war sehr voller Kummer. Aber der Mönnich hat schon recht gehabt, dass er ihm sein Buch so zerrissen hat, weil es zum großen Teil ja wirklich ein echter Schmarren war. Trotzdem sind die beiden dann noch gute Freunde geworden. Der Mönnich hat schon irgendwie gemerkt, dass Vater schreiben kann, nur hat er eben nicht das Richtige geschrieben. Für einen Roman war er total ungeeignet, er hat ja so wenig Gefühl gehabt, dieser gefühlskalte Mensch. Er konnte nur Berichte oder Sachbücher schreiben und sonst nichts.

Kaum hatte mein Vater die Kritik von Horst Mönnich einigermaßen verdaut, überraschte er meine Mutter mit der Ankündigung, noch einmal drangehen zu wollen an sein Manuskript. Höchstens drei Monate würde es dauern, dann hätte er es überarbeitet und könnte es dem Mönnich noch einmal vorlegen.

Meine Mutter täuschte einen Nervenzusammenbruch vor, drohte, ihn zu verlassen, von der Brücke zu springen und zu ihrer Schwester zu ziehen, sollte er tatsächlich noch einmal weiterschreiben wollen an seinem »Nazi-Schmarren«.

Erst da gab mein Vater die Arbeit an seinem Buch endgültig auf.

Der Mönnich hat uns am Chiemsee besucht …

Er hat dem Vater ein Lektorat verschafft beim Schneekluth Verlag, na ja, was heißt Lektorat, Korrektur hat er lesen dürfen. Er hat den ersten Text gelesen und gesagt: »Nein, das ist ein solcher Schmarren, da les ich gar nicht mehr weiter.« Er hat aber für ein Buch fünfhundert Mark gekriegt, und weil er sich so aufgeführt hat, hab ich vorgeschlagen, gut, dann les ich es eben.

Der Text war eine Übersetzung aus dem Englischen, in einer so schlechten Sprache, und ich hab alles angestrichen. Der Verlag hat gesagt, das ist ja großartig, so gut hat das überhaupt noch keiner gemacht, und sie haben sich extra am Telefon bei mir bedankt und gesagt, ich soll meinem Mann bitte ausrichten, wie gut es ihnen gefällt. Dass diese ganze Arbeit ich gemacht hatte, das haben sie ja nicht gewusst.

Ein zweites Manuskript hab ich dann auch noch gelesen für ihn und danach persönlich hintragen müssen in die Widenmayerstraße zum Verlag. Ich sollte auch gleich einen Scheck oder Bargeld verlangen, der Vater hätte das ja nie selber gemacht.

Auch noch einen dritten Text haben sie ihm dann gegeben. Und wieder hat er zu mir gesagt: »Nein, auch das ist ein Schmarren, das lese ich nicht, das machst jetzt wieder du.«

Ich hab gesagt: »Nein, diesmal nicht. Das liest du jetzt selber, Menschenskind, ich bin doch nicht dafür da, dass ich dauernd deine Texte les, und du schläfst den ganzen Tag oder gehst spazieren.«

Dann hat er das tatsächlich selber gelesen und korrigiert. Er hat es dann an den Verlag geschickt, und wir haben nichts mehr davon gehört. Das Geld ist auch nicht gekommen, und ich musste wieder hingehen zum Verlag, zu einem Herrn Gruber, und ihn nach dem Geld fragen und vielleicht auch nach einer neuen Arbeit.

Der Gruber aber hat nur geschimpft. Die Arbeit wär so schlecht gemacht gewesen diesmal, und sie können sich nicht erklären wieso, denn die letzten Male war doch alles so gut gewesen. Das Ganze wär sein Geld nicht wert, und sie würden meinem Mann ab jetzt auch keinen Auftrag mehr geben, und das wär's dann.

Aber wir haben das Geld doch so dringend gebraucht, und ich hab angefangen zu betteln, was mir wirklich scheißpeinlich war, aber was konnte ich anderes machen. Am Ende haben sie mir die fünfhundert Mark dann doch noch mitgegeben, aber ich hab gemerkt, sie waren richtig sauer. Wie ich das dem Vater erzählt hab, hat er überhaupt nicht weiter reagiert. Übrigens hat der Mönnich, wenn er später über den Schneekluth Verlag geredet hat, immer nur gesagt: »Gruber, das Arschloch.« Aber das nur nebenbei.

Horst Mönnich hatte einen Auftrag von BMW angenommen, sollte eine Chronik der Firma verfassen, und fragte netterweise bei meinem Vater an, ob er ihm dabei behilflich sein wollte. Der war gern damit einverstanden, brauchte ja dringend Geld, um seine Zinsen und Bankschulden zurückzuzahlen, und dieser längerfristige Auftrag würde ihn eine Weile über Wasser halten.

Da meine Eltern nun wirklich gar nicht mehr hinaus aufs Land fuhren, durfte auch die Chiemsee-Wohnung endlich gekündigt werden.

Zur Uni ging mein Vater nicht mehr. Er verließ jetzt kaum noch die Wohnung, nur seine Spaziergänge zum Hauptbahnhof unternahm er nach wie vor.

Obwohl er bisher immer nur klassische Musik gehört hatte, begann er, sich plötzlich für Blues und Gospel zu interessieren, und wenn ich ihn besuchte, brachte ich ihm manchmal CDs von Mahalia Jackson, Aretha Franklin oder John Lee Hooker mit. Die legte er sofort in seinen CD-Player und drehte die Lautstärke hoch, bis meine Mutter um Gnade flehte.

In den vorangegangenen Monaten war er freundlicher und ruhiger geworden, und ich hielt es für Altersmilde. Gleichzeitig aber wirkte er blass und abgekämpft, er hatte einiges an Gewicht verloren und sich einen Gehstock besorgt. Seine Schritte waren unsicher, wenn er die Treppen vom dritten Stock hinunterging.

*

Meinem Vater kam die schöne Idee, zu seinem 75. Geburtstag alle Regensburger Verwandten nach München in die Oper einzuladen.

»Soso. Wie willst du das bezahlen?«, fragte meine Mutter. »Das ist doch nur wieder so eine Schnapsidee.«

»Du mit deinem Negativdenken«, sagte mein Vater. »Das geht schon. In der Oper nehmen wir die besten Plätze, und hinterher gehen wir alle zusammen fein essen. Und alle dürfen mit dem Taxi zurück ins Hotel fahren. Das wär doch was!«

»Ohne mich«, sagte meine Mutter. »Das ist mir viel zu anstrengend. So eine lange Opernvorstellung und danach auch noch Essen, das halt ich nicht aus. Das muss doch wirklich nicht sein, da leg ich gar keinen Wert drauf. Seit wir hier in München sind, sind wir noch nie in der Oper gewesen. Also, was soll das?«

»Genau darum wird es höchste Zeit, dass wir alle zusammen endlich mal hingehen. Ruf doch gleich mal Tante Hilde an, und frag, was sie davon hält.«

Aber auch Tante Hilde war nicht begeistert von seiner Idee. Ihr Mann war nicht mehr der Fitteste. Auch für ihn wäre so ein anstrengender Opernbesuch bestimmt nicht das Richtige.

»Um Himmels willen«, sagte sie. »Wie sollen wir das machen? Der Georg geht doch nie irgendwohin, der kann das gar nicht mehr, der schläft mir ja schon bei den Acht-Uhr-Nachrichten ein. Außerdem hat der Eduard doch nicht so viel Geld, wie will er das alles bezahlen? So was kostet doch Hunderte, da würd ich meinen Anteil dann doch lieber selber bezahlen.«

Davon ließ sich mein Vater nicht entmutigen. Er fand seine Idee nach wie vor gut, und auch alle anderen infrage kommenden Verwandten wurden nun in Kenntnis gesetzt. Wie sich später herausstellte, hatte er es geschafft, noch mal ein neues Konto in Rosenheim zu eröffnen. Auch hier hatte man ihm Geld geliehen, das sicher ausreichen würde für einen opulenten Opernabend.

*

An einem sonnigen Wintertag kurz vor Weihnachten machte ich mit meiner Tante Hilde, ihrem Mann Georg, meinen Eltern und einer ihrer Bekannten, dem »Fräulein Ederer«, einen Sonntagsausflug. Mit zwei Autos fuhren wir auf der Salzburger Autobahn bis zum Irschenberg, dann das kurze Stück hinüber nach Weyarn, wo wir spazieren gingen und anschließend die denkmalgeschützte Pfarrkirche besichtigten.

Mein Vater war blendender Laune. Er stand auf den Stufen eines kleinen Seitenaltars und erklärte uns den Niedergang der Klöster im 16. Jahrhundert. Da sah ich plötzlich, wie er einen unglücklichen Schritt nach hinten machte, wie er stolperte, noch kurz mit den Armen ruderte, ehe er stürzte und rücklings auf dem harten Kirchenboden landete.

»Oh Gott!«, hörte ich meine Mutter rufen, und wir alle liefen zu meinem Vater, um ihm aufzuhelfen, sein Hut war ein Stück zur Seite gerollt, und Tante Hilde hob ihn schnell auf.

»Hast du dir was getan?«, fragte meine Mutter.

»Nein, nein, es geht schon«, sagte mein Vater, der aber noch immer auf dem Boden lag. »Echt saublöd.«

Jetzt halfen wir ihm vorsichtig hoch. Da stand er wieder, und meine Mutter klopfte ihm den Staub vom Mantel.

»Und jetzt gehen wir endlich ins Wirtshaus«, sagte er. »Ihr braucht doch bestimmt alle eine kleine Stärkung.«

Er hinkte ein wenig auf dem Weg hinüber zum nahen Gasthaus. Dort bestellte er sich Leberknödelsuppe und Apfelstrudel, aß jedoch mit wenig Appetit und war schweigsamer als sonst.

Am nächsten Tag rief mich meine Mutter an. Mein Vater klage über Rückenschmerzen und könne sich kaum mehr aufsetzen.

»Es wird immer schlimmer«, erklärte sie mir. »Jetzt kommt er gar nicht von seinem Bett hoch und will doch hinüber in seinen Lesesessel. Bitte komm schnell her, und hilf uns.«

Als ich in der Theresienstraße ankam, streckte mir mein Vater die Arme entgegen.

»Zieh mich hoch«, knurrte er, und ich spürte seine Nervosität und Ungeduld. Nur mit Mühe konnte ich ihn hinüberheben in seinen braunen Ikea-Sessel. Stöhnend versank er darin, und bis zum Abend blieb er sitzen, konnte sich ja vor Schmerzen nicht bewegen und aufstehen schon gar nicht.

Meine Mutter alarmierte schließlich den Notarzt, zu dritt hoben die Sanitäter meinen Vater hoch, legten ihn auf eine Trage und brachten ihn ins Krankenhaus.

Dort wurde er einige Tage lang untersucht, die Ärzte stießen auf etliche Kleinigkeiten, den Grund für seine Rückenschmerzen jedoch fanden sie nicht, und auch die Röntgenbilder zeigten nichts Besorgniserregendes. Letztendlich empfahlen sie ihm nach einigen Tagen Krankengymnastik.

Am Tag vor seiner ersten Gymnastikstunde wurde er dann noch ein letztes Mal geröntgt. Diesmal wurde eine seitliche Aufnahme seiner Wirbelsäule gemacht, und erst jetzt konnte man erkennen, dass tatsächlich einer seiner Rückenwirbel gebrochen war. An Krankengymnastik war jetzt nicht mehr zu denken, im Gegenteil, nun durfte er sich überhaupt nicht mehr bewegen.

Die Ärzte eröffneten ihm zwei Möglichkeiten: entweder eine schwierige und nicht ungefährliche OP oder eine drohende Querschnittslähmung, ein Leben im Rollstuhl.

Mein Vater entschied sich für die Operation. Dummerweise war der Wirbel sehr ungünstig gebrochen. Man musste von vorne an seine Wirbelsäule heran, musste die Bauchdecke öffnen und alle Weichteile zur Seite schieben.

Es war eine riskante und lange Operation, aber die Ärzte machten ihre Sache prima, und wie es aussah, war die Operation bestens gelungen. Bereits am Abend des nächsten Tages konnte mein Vater kurz mit meiner Mutter telefonieren, war froh, das Schlimmste überstanden zu haben, und freute sich schon wieder auf den geplanten Opernbesuch.

Nachdem ich die Habseligkeiten meines Vaters auf den Küchentisch gelegt hatte …
fuhr ich noch einmal in die Klinik. Ich hatte einen Termin bei dem Pfleger, der meinen Vater in seiner Todesnacht betreut hatte.

Ihm war mein Besuch sichtlich unangenehm, und er druckste eine ganze Weile herum, bis er mir endlich, immer wieder stockend, erzählte, was in dieser Nacht geschehen war.

»Mehrmals hat Ihr Herr Vater nach mir geläutet«, sagte er. »Er hat über Schmerzen im Bauchraum geklagt. Habe ihn die ganze Zeit über betreut, so gut ich konnte. Bis vier Uhr morgens habe ich immer wieder in kurzen Abständen nach ihm gesehen. Schon mehrmals hatte ich nach einem Arzt gerufen. Das müssen Sie mir glauben! Doch so leid es mir tut, es war immer vergeblich. Es hört sich verrückt an, aber alle diensthabenden Ärzte waren beschäftigt. Ich war sehr in Sorge, vor allem, da er immer wieder ein wenig Blut erbrochen hat. Gegen vier Uhr morgens war er dann wohl sehr erschöpft und wollte nicht mehr betreut werden. Wollte nur noch seine Ruhe haben und schlafen. Als ich dann nach einer Stunde noch einmal nach ihm gesehen habe, da war er leider bereits verstorben.«

»Hat er noch etwas gesagt?«, fragte ich. »Was waren denn seine letzten Worte?«

»Ja, ich erinnere mich. Es hat mich gewundert, dass er

so etwas sagt, nach einer so anstrengenden Nacht. ›Vielen Dank für Ihre große Freundlichkeit. Sie waren sehr nett zu mir‹, hat er gesagt, das weiß ich noch genau. Das war schon rührend. Dabei hab ich ja nur meine Arbeit getan. Er war ein feiner Mensch, Ihr Vater, das hat man gleich gemerkt, und es hat mir sehr leidgetan, dass ich nicht mehr für ihn habe tun können. Ja, es ist wirklich saudumm gelaufen, wenn ich das so sagen darf.«

Am nächsten Tag bekam ich einen Termin beim Chefarzt.

Zwanzig Minuten wartete ich vor seiner Tür, dann winkte er mich herein. »Ja wirklich, schlimme Sache, das«, sagte er. »Habe schon gehört von Ihrem Vater. Sehr unangenehm, wie das gelaufen ist.«

»Wir waren der Meinung, die Operation wäre gut verlaufen. Wie konnte es zu solchen Komplikationen kommen?«

»Ein plötzlich aufgetretenes Magengeschwür. Kann durchaus vorkommen nach so einer OP, wenn auch selten. So was kann sehr schnell gehen. Wie Sie sicher wissen, war es ein riskanter Eingriff.«

»Wieso war kein Arzt bei ihm, wieso nur ein Pfleger?«

»Nun ja, leider unglückliche Umstände. Weihnachtszeit, Urlaubszeit, Sie verstehen. Alle anwesenden Kollegen mit schweren Fällen beschäftigt und leider nicht abkömmlich. Wie gesagt, sehr bedauerlich das Ganze. Es ist immer höchst unerfreulich, wenn bei uns jemand verstirbt, wo es nicht unbedingt hätte sein müssen.«

»Ach ja? Gab es Fälle, wo es hatte sein müssen?«

»Nein, nein, Sie verstehen sicher, wie ich das meine. Also, wenn wir Ihnen noch irgendwie helfen können, sagen Sie uns Bescheid.«

*

»In einer Urne ist er gut aufgehoben«, sagte meine Mutter. »Das ist billiger als ein Erdgrab, und ich brauch mich nicht darum zu kümmern. Ja mei, er wollt zwar immer eingegraben werden, aber ich hab mir gedacht, da hast du dich schön getäuscht, Mannerl. Ich spinn doch nicht und mach dir ein Erdgrab. Wer soll das dann immer pflegen?«

Traurig gingen wir zum städtischen Bestattungsinstitut in der Damenstiftstraße, suchten ein passendes Sterbebild aus und einen einfachen Fichtensarg. Immer wieder brach meine Mutter in Tränen aus. »Der Sarg wird ja sowieso gleich verbrannt«, schluchzte sie, »da tut es auch der billigste.«

Die Trauerfeier war sehr gut besucht, erstaunlich viele Bekannte und Verwandte waren gekommen, und einige sah ich hier zum ersten Mal. Nur meine Schwester war daheimgeblieben in Amerika.

»Das macht doch nichts, sie hat schon recht«, meinte meine Mutter. »Der teure Flug und der ganze Aufwand, das lohnt sich doch nicht für sie.«

Als ich die Urne mit der Asche meines Vaters allen voran durch den Nordfriedhof hinüber zur Urnenhalle trug, wunderte ich mich, wie schwer sie war. Er war ein großer Mann gewesen. Hatte man seine Asche so dicht zusammengepresst? An der Urnengräberwand bekam er seinen Platz auf der linken Seite, zweite Reihe von unten. Die hohe Alu-Klappleiter, die da als Fremdkörper in der schönen Urnenhalle herumstand, brauchte man nur für die oberen Etagen.

Nur vier runde Messingschrauben sicherten die beschriftete Abdeckplatte. Waren die nicht allzu leicht aufzuschrauben?

»Ist doch wurst«, sagte meine Mutter. »Wer will schon Vaters Urne klauen?«

Sie hatte noch genug Geld für die Beerdigung, und ich übernahm die noch verbliebenen Bankschulden. Es hätte wesentlich mehr sein können, und es freute mich, dass er es geschafft hatte, doch noch so viel zurückzuzahlen.

*

Natürlich war auch Dorothea Enderl nicht zur Beerdigung gekommen. Von ihr fand ich eine unerwartete Mail in meinem Posteingang:

> **... noch oft denke ich an Deinen lieben Vater ... Du hast mich mal gebeten, seine guten Seiten aus unserer langen Zusammenarbeit herauszufiltern. Grundsätzlich ginge das, besonders, wenn ich mir mal wieder unseren Italien-Bildband ansehe. Das Handicap dabei ist nur, dass es in der Regel Situationen waren, die beim Fotografieren, beim Warten oder im Zusammensein mit den italienischen Gastgebern entstanden. Das, so glaube ich, würde Deiner Mutter wehtun, und das will ich nicht. Deshalb ist es wohl besser, ich lasse das ruhen.**
>
> **Ebenfalls umwerfend reizend und witzig war er mit meinem Sohn, aber auch das ist nicht gerade das, was Deine Mutter erfreuen würde.**
>
> **Wie bei vielen Menschen steckten auch in Eduards Brust zwei Seelen, und ich hatte das Glück, seine humorvolle, unglaublich belesene und stets geduldige Art erleben zu dürfen. Er hat sehr wesentlich mein**

Arbeitsleben und die Kindheit von Linus geprägt. Das wusste er auch, und wir sprechen oft noch davon. Er war jedenfalls ein rundum guter Mensch.

Dir alles Gute, vielleicht sollten wir uns bald mal treffen!

Dorothea

Dorothea lebte im sonnigen Südfrankreich …

Erst Jahre später nahm ich noch einmal Kontakt zu ihr auf, und bei einem ihrer Münchenbesuche klappte es dann tatsächlich mit einem Treffen.

Auch jetzt im Alter wirkte sie noch so frisch und munter wie eh und je, sie sah immer noch gepflegt und gut aus, nur ihr Romy-Schneider-Lächeln war verschwunden. Auch als Fotojournalistin arbeitete sie noch hin und wieder, und inzwischen hatte sie einige ihrer großen Träume verwirklicht. Durch die halbe Welt war sie gereist, hatte fotografiert und geschrieben, hatte sich anschließend in ein französisches Hausboot verliebt und ein paar Jahre lang darauf gelebt. Inzwischen wohnte sie mit ihrem Mann Bill in einem malerischen Dorf im Languedoc.

Auch Bill und Linus waren mit zu unserem Treffen gekommen. Bill sah ich zum ersten Mal, er war ein humorvoller, eher wortkarger Amerikaner, und Linus war natürlich inzwischen längst erwachsen.

Wir hatten einen schönen Nachmittag bei Weißwein und Kuchen, kamen schon bald auf meinen Vater zu sprechen, und die Enderl begann, freimütig zu erzählen.

Sogar ein paar Fotos hatte sie mir mitgebracht, auf denen man meinen Vater beim Flötespielen mit dem kleinen Linus sehen konnte und beim gemeinsamen Urlaub in Italien, mit windzerzausten Haaren. Mein Vater hatte einen Arm um die Enderl gelegt, beide sahen braun gebrannt und glücklich aus.

»Schönes Foto«, sagte ich. »So kenn ich ihn gar nicht.« Die ganze lange Strecke hinunter nach Italien waren sie damals mit dem 2CV gefahren, der unter dem Gewicht meines Vaters geächzt und ein bisserl Schlagseite bekommen hätte, erzählte mir die Enderl. Und besonders schnell waren sie auch nicht, aber es war eine wirklich unvergesslich schöne Zeit gewesen.

»Und als wir dann wieder daheim waren, hat er uns immer so schöne Stücke auf dem Klavier vorgespielt.«

»That's right!«, bestätigte Bill, und auch Linus nickte zustimmend.

»Und am liebsten von Mozart.«

»*Very nice.* Er war so ein wundervoller Pianoplayer«, sagte Bill.

Das irritierte mich. Ich hatte gar nicht gewusst, dass mein Vater überhaupt Klavier spielen konnte.

»Hat er denn bei euch daheim nie gespielt?«, fragte mich die Enderl verwundert.

»Nein, nie!«, sagte ich. »Wir hatten ja überhaupt kein Klavier.« Nur das verstimmte Piano bei meiner anderen Oma fiel mir ein, aber auch darauf hatte ich ihn nie spielen sehen. Hatte er auch das nur heimlich getan? Und wo? Nur bei der Enderl?

Bill sagte: »Und so oft hat er eingekauft und gekocht für uns. *He was a very good cook!*«

»Oh ja«, bestätigte Linus. »Ich glaube, am besten konnte er Asiatisch. Ein paar Rezepte hat er uns damals aufgeschrieben, die haben wir immer noch.«

»Genau«, sagte Bill, »er war ein Genießer! Und ein super Koch.«

Ich konnte kaum glauben, was sie mir da erzählten. Zwar hatte ich geahnt, dass mein Vater seinen Kontakt zu Dorothea damals heimlich weiter gepflegt hatte, aber so eine enge Verbindung und Vertrautheit zu ihrer Familie war doch erstaunlich.

»Ja, gut essen konnte er«, sagte ich. »Bei uns hat er aber nur mal eine Currywurst angebraten. Nein, so ein spezielles Chinagericht konnte er auch gut, da hat er am Ende aus einer Dose Glutamat drübergestreut. Sogar auf Blattsalat hat er Glutamat getan, damit er intensiver schmeckt. Pures Glutamat gab's damals ja in Gewürzdosen.«

»Na siehst du, auch mit so was kannte er sich aus«, sagte die Enderl. »Essen war eben eines seiner Hobbys! Und er hat sich immer so liebevoll um dich gekümmert.« Sie legte Linus kurz die Hand auf den Arm.

»Ja, für mich war er ein zweiter Vater, wenn ich das so sagen darf«, erklärte Linus mit einem Seitenblick auf mich und fügte rasch hinzu: »Ich möchte damit sagen, er war mein geistiger Vater, mein Mentor.«

Die Enderl zog eine Schnute und legte den Kopf schief. »Nur hat es mir manchmal leidgetan um deine Mutter. So eine nette Frau. Wie geht es ihr eigentlich?« Kurz gab ich ihr Auskunft, und die Enderl fuhr fort: »Wegen ihr musste dein Vater unsere Zusammenarbeit ja beenden.«

»Ach ja?«

»Aber natürlich nur offiziell. Wir wollten deiner Mutter ja nicht wehtun, über all die Jahre, verstehst du?« Sie lächelte und nahm einen Schluck Weißwein. »Wenn ich daran denke, wie viele interessante Sachen er mir beigebracht hat. Dafür hatte er ja echt eine Begabung.«

»Er hätte Professor werden sollen. Er war so ein geduldiger und humorvoller Mensch«, meinte Linus.

»Humorvoll, ja schon manchmal«, konnte ich bestätigen. »Aber geduldig? So kenne ich ihn wirklich nicht. Bei uns war er nicht geduldig.«

»Doch, doch«, bekräftigte Linus. »Bei uns immer. Und dazu so fürsorglich. Einmal hat er mir ein großes Fernrohr geschenkt, das haben wir zusammen im Garten aufgebaut, und am Abend hat er mir den Sternenhimmel erklärt. Wirklich erstaunlich, dass er auch darüber so gut Bescheid wusste.«

»He really was a great guy!«, sagte Bill kräftig nickend und schenkte uns allen noch mal nach.

Jetzt war mir endgültig klar geworden, warum mein Vater in der Ottobrunner Zeit so selten zu Hause gewesen war. Er hatte sich die Familie Enderl zu seiner Zweitfamilie gemacht.

»Hör mal, Bill«, sagte ich. »Warst du denn nie eifersüchtig auf meinen Vater? Du warst doch Pilot und so oft unterwegs …«

»Nein, das war er nie!«, übernahm Dorothea schnell die Antwort. »Das stimmt, Bill war als Flieger oft weg zu der Zeit, auch im Ausland war er oft. Wenn er dann mal spätabends heimgekommen ist, dann war fast immer der Eduard da.«

»Eben das meinte ich ja«, sagte ich.

»Aber da war eine so große Harmonie zwischen uns allen, das hat der Bill doch gespürt! Da war nichts Arges, keine Launigkeit oder so. Da ging einem doch das Herz auf. Bill war froh, dass seine Familie so gut aufgehoben ist, wenn er weg war. Stimmt's, Bill?«

»You are so right!«, bestätigte Bill.

»Ja, ich versuche, das zu verstehen«, sagte ich. »Schon erstaunlich, aber toll, wenn so etwas so gut funktioniert.«

Die Enderl fuhr fort: »Und Bill hat ja gewusst, wie viel mir das große Wissen deines Vaters bedeutet. Ich hab ja ein Geschichtsstudium bei ihm gemacht! Und ein Literaturstudium!« Sie musste lachen. »Man kann wirklich sagen, er hat die Liebe zur Literatur in mir geweckt.«

Die Enderl konnte gar nicht mehr aufhören, meinen Vater über den grünen Klee zu loben.

»Ich wusste ja nie, was genau ich lesen sollte, und er hat mir so viele Bücher empfohlen, natürlich auch Thomas Mann.«

»Thomas Mann!«, rief Bill. *»Not for me! Bullshit!* Das Zeug hab ich nie gelesen. *Too many words.*«

»Du hast ja sowieso nie gern gelesen«, sagte die Enderl tadelnd. »Bis heute liest du nicht. Aber der Eduard war von Thomas Mann immer so begeistert, und das war richtig ansteckend. Mit der klassischen Musik war es dasselbe.«

»Sure«, sagte Bill. *»He knew everything about it. Wagner, Beethoven and Mozart. All these wonderful guys.«*

»Er hat uns Beethoven und Mozart genauestens erklärt«, sagte Linus. »Das war schon toll. Da kannte er sich wirklich gut aus.«

»Ich weiß«, sagte ich. »Für mich nach wie vor erstaunlich, woher er das alles wusste und was er sich so alles merken konnte. Sein Supergedächtnis hab ich leider nicht von ihm geerbt.«

»Bevor ich ihn kennenlernte, hatte ich ja praktisch keine Ahnung von klassischer Musik«, fuhr die Enderl fort. »Obwohl, so ein Grundinteresse war natürlich schon da.«

»Wieso ist euer Verhältnis dann trotzdem irgendwann abgekühlt?«, wollte ich wissen. »War doch so, oder?«

Die Enderl seufzte. »Leider war das Ende vom Lied nicht ganz so schön. Da kam vieles zusammen. Er hatte mich ja all die Jahre schon schlecht bezahlt. Bei den Aufträgen hatten wir fifty-fifty vereinbart, aber er hat sich nie daran gehalten. Nur hin und wieder hat er mir mal kleinere Summen gegeben, wenn überhaupt etwas. Aber das war mir im Grunde egal gewesen, das Geld hat mich nie besonders interessiert damals. Dafür hat er mich ja so bereichert und inspiriert, ich konnte so viel bei ihm lernen, und das macht alles wieder wett, hab ich oft gedacht. Aber irgendwann ist es um eine etwas größere Summe vom Süddeutschen Verlag gegangen. Er hat mir gesagt, dass er mir auch diesmal meinen Anteil nicht geben kann. Warum? Das ist alles bei der Kirche gelandet, war seine Antwort gewesen. Wieso denn bei der Kirche?, wollte ich wissen. Was hat denn die damit zu tun? Aber es kam darauf keine Antwort. Ich hab mich verarscht gefühlt.«

»That was bullshit!«, sagte Bill.

»Auch dieses Geld hab ich nie gesehen«, sagte die Enderl. »Das war schon ärgerlich für mich, weil ich genau wusste, wie viel das war, und dass er mich jetzt so bescheißt, das war schon enttäuschend.«

»So oft ist es bei ihm ums Geld gegangen«, sagte ich. »Und meistens um Geld, das er nicht hatte.«

Bill lachte. »*Money makes the world go round.* Das ist normal.«

»Aber heute bin ich ihm nicht mehr böse«, sagte die Enderl. »Er war so ein besonderer Mensch, und es waren besondere Zeiten damals. Wir haben so viel zusammen erlebt, auch beim Fotografieren. Nur zu diesen Sexpartys bin ich nie mitgegangen, obwohl uns irgend so ein Politiker dazu eingeladen hatte. Da kannst du allein hingehen, hab ich zu Eduard gesagt, für mich ist das nichts.«

»Wie bitte? Sexparty?«, fragte ich verblüfft.

»Hä?«, rief Linus. »Davon hast du uns noch nie erzählt.«

»Da gibt es auch nichts zu erzählen«, sagte die Enderl lachend. »Ich war ja nie dabei gewesen. Aber viele Politiker sind da hingegangen damals. Ja, was glaubst du?! Das war gang und gäbe, das waren andere Zeiten, das waren echt wilde Partys. Und alle wussten das.«

»Wer sind denn *alle*?«, fragte Linus.

»Alle in diesen Kreisen, alle, die da eben dazugehörten«, sagte die Enderl.

»Das klingt aber jetzt ein bisschen vage«, meinte Linus.

Die Enderl schüttelte den Kopf. »Egal, du kannst es glauben oder nicht. Mich jedenfalls hat das sowieso nicht interessiert. Überhaupt waren mir diese Politiker nie besonders angenehm.«

»Yeah, politicians are boring«, bestätigte Bill.

»Sag mal, hat dein Vater nicht einen Roman geschrieben?«, fragte mich die Enderl, als wollte sie endlich das Thema wechseln.

»Ja, hat er. Woher weißt du davon?«

»Er hat es mir doch erzählt. Auch als wir nur noch wenig Kontakt hatten, hat er mir hin und wieder noch geschrieben.«

»Echt? Er war ja ganz schön anhänglich«, sagte ich und dachte darüber nach, wie sehr mein Vater die Enderl doch geliebt haben musste.

»Treu«, meinte die Enderl. »Er war eine treue Seele!«

»Hast du sein Buch?«, fragte Linus.

»Hast du es gelesen?«, fragte die Enderl.

»Ja, klar«, sagte ich, »aber ich möchte es euch ungern geben, ihr müsst es nicht lesen. Es ist nicht so toll.«

»Auch gut«, sagte die Enderl. »Es ist so ein Buch über die Nazizeit, gell?«

»Ja, genau.«

»Nazi is bullshit!«, sagte Bill.

In der Küche meiner Mutter ...
hingen die schön gerahmten Fotos von uns Kindern und ihren Enkelkindern, nur von meinem Vater hatte sie in der Wohnung kein einziges Bild aufgehängt, und sein Sterbebild lag versteckt in irgendeiner Schublade.

»Stell dir vor«, sagte sie, »manchmal wach ich in der Nacht auf, weil ich geträumt hab, dass er plötzlich vor mir steht. Bei dem Gedanken erschreck ich ganz fürchterlich. Ich krieg richtig Albträume davon, wenn ich mir vorstelle, dass der Vater plötzlich zur Tür reinkommt. Menschenskind, nicht mal im Tod kann er mich in Ruh lassen.«

Trotzdem wurde das Zimmer meines Vaters nie angetastet, und nichts durfte darin verändert werden. Wenn meine Schwester aus Amerika zu Besuch war oder die Tante aus Regensburg, dann übernachteten sie im Bett meines Vaters, denn Platz für ein anderes Gästebett gab es nicht in der kleinen Wohnung.

Meine Mutter nahm jetzt immer mal wieder eines von Vaters Büchern aus dem Regal, und wenn sie es gelesen hatte, stellte sie es zurück an seinen angestammten Platz.

»Als er noch gelebt hat, da hab ich das ja nie tun dürfen«, erklärte sie. »Er hat immer gemeint, ich könnt was kaputt machen. Und ich hab mich schon gar nicht mehr zu fragen getraut.«

Aber jetzt waren es ihre Bücher geworden. Neugierig durchstöberte sie die unergründlichen Schätze und las in jeder freien Minute, nur die Bände von Thomas Mann waren für sie nach wie vor ein rotes Tuch.

Vater hat niemanden respektiert. Na ja, so Musiker wie Beethoven und Mozart ganz sicher schon, aber kaum andere Leut.
Da haben wir mal einen Film gesehen, mit Raketen, die die Amerikaner ins Weltall hinaufschicken. Ich hab zu ihm gesagt, also, mir ist das unerklärlich, wie man so was machen kann, was sind das für gescheite Leut, so was muss einem erst mal einfallen, dass man so was zustande bringt, das ist ja ganz unglaublich.
Vater hat gemeint, das ist doch überhaupt kein Problem, die kennen ihre Regeln, die Mathematik hat ihre Gesetze, und danach arbeiten die. Es ist doch wirklich überhaupt keine Schwierigkeit, so eine Rakete herzustellen.
Aha, hab ich gesagt, wenn das so einfach ist, dann wundert mich bloß, dass du noch keine hergestellt hast!

Und noch ein Nachwort …

So ein Vater wie meiner – der mag so manchem meiner Generation bekannt vorkommen. Einige werden ähnliche Geschichten über ihre eigenen Väter erzählen können.

Obwohl ich inzwischen meinen ganz privaten Frieden mit meinem Vater geschlossen habe, bleibt vieles an seinem Verhalten ärgerlich und unverständlich. Ich habe versucht, ihn zu verstehen, aber ein Stück Enttäuschung wird vielleicht für immer bleiben. Ich fühle mich von ihm im Stich gelassen, aber eine Verletzung spüre ich nicht mehr. Man kann sagen, ich bin drüber weg.

Wenn mich jemand fragt, wie meine Kindheit gewesen ist, dann sage ich, ohne lange zu überlegen, ich hätte eine schöne, ja geradezu wunderbare Kindheit gehabt. Dann beginne ich unsere kleinen Freiheiten zu loben, unsere Neugierde, die Abenteuerlust, das Unbeschwerte. Ich denke an die langen Nachmittage, an denen wir allein und unbeaufsichtigt unterwegs waren, und mit ein bisschen Glück wurde es jedes Mal der schönste Tag in unserem Leben.

Natürlich übertreibe ich dabei, aber das ist mir egal. Stundenlang auf einem sommerheißen Garagendach herumhocken, ist nicht immer super unterhaltsam, und klar konnte es dabei auch mal langweilig werden.

Aber dann fange ich sogar an, ein Loblied auf die Langeweile zu singen. Langeweile wird heutzutage ja gemieden, wo es nur geht, und man fürchtet sie wie der Teufel das Weihwasser.

Als ein mittelmäßiger Schüler habe ich mich in der Schule oft gelangweilt. Aber gerade diese Langeweile hat meine Fantasie beflügelt, ich schrieb ellenlange Songtexte und Gedichte in mein Matheheft, und die Lateinbücher waren bald voller fantastischer Zeichnungen. Und so bilde ich mir ein, dass Langeweile manchmal durchaus etwas Positives sein kann, dass sie für eine innere Ruhe sorgen und kreative Denkprozesse in Gang setzen kann.

Ich denke, mein Vater war von seinem Leben mit uns gelangweilt, vielleicht auch vom Leben insgesamt, und so suchte er sein Heil in der Literatur. Das »echte Leben« hat ihn oft enttäuscht und überfordert, da half kein positives Denken. Nur das mit der Enderl war eine andere Geschichte gewesen.

»C'est la vie!«, hat die Enderl zu mir gesagt, als wir uns verabschiedeten. »Im Leben gibt es alle Schattierungen.« Vielleicht war mein Vater empfindsamer und verletzlicher, als man ahnen konnte, aber bestimmt war er kein glücklicher Mensch.

Vom Glück verstand mein bescheidener Großvater viel mehr. Dem war das kleine Glück viel wichtiger als das große, das man sowieso nicht erreichen kann, weil es vielleicht nur als eine Illusion existiert, aber wer weiß das schon so genau. Und sicher wusste er auch, dass man das kleine Glück festhalten muss, so gut es geht, weil es flüchtig ist wie ein scheues Reh.

»Ein Komödiant kann kein Gefängniswärter sein!«, hat

mein Vater gesagt. »Wer sich nur immer mit Schwierigkeiten belastet, verliert seine Leichtigkeit.«

Hat er seine Familie also nur als Belastung empfunden, die ihn von irgendwelchen höheren Zielen abhielt? Kein schöner Gedanke.

Lieber denke ich an seine letzten Jahre, in denen er versöhnlich und zugänglicher geworden ist, und natürlich bedauere ich es, nie mit ihm über viele, mir wichtige Dinge gesprochen zu haben. Aber so ist das bei anderen auch. Viele versäumen die längst notwendigen Gespräche am Ende eines Lebens, und dann ist es zu spät.

Mir fallen seine Großzügigkeit und Kontaktfreudigkeit ein, seine Aufgeschlossenheit allem Fremden gegenüber. Das sind große Worte, aber war er wirklich so? Oder überhöhe ich das inzwischen, weil es so angenehm ist, sich an positive Dinge zu erinnern? Und dann denke ich an seinen unerschütterlichen Mut zur Selbstständigkeit. Ich hatte ja stets sein finanzielles Desaster vor Augen, trotzdem hat es mich nicht abgeschreckt, selber Freiberufler zu werden, im Gegenteil, nie hatte ich etwas anderes im Sinn.

Als selbstständiger Autor und Zeichner bin ich glücklich geworden. Ich habe den schönsten Beruf der Welt, sage ich zu den Kindern, die meine Bücher lesen und mich danach fragen. Nach wie vor liebe ich das kreative Arbeiten, die Abwechslung und die Vielfalt der Möglichkeiten und Aufgaben, und das habe ich, glaube ich, von meinem Vater.

Einen »freien« Beruf zu wählen, hatte nichts mit Mut zu tun. Eine Selbstverständlichkeit war das gewesen, keine bewusste Entscheidung. Nie befürchtete ich, als selbstständiger

Künstler zu verhungern, wie es mir am Anfang meiner Karriere einige wohlmeinende Freunde prophezeit hatten. Aber deren Väter waren bestimmt keine Freiberufler gewesen.

»Ehrlicher hätte unser Vater sein müssen«, hörte ich meine Schwester sagen. »Ehrlicher und konsequenter. Das wäre für ihn und für uns alle besser gewesen.«

Mit der Konsequenz ist das so eine Sache. Es gab diesen ehrlichen Moment, als er meiner Mutter auf der Hochzeitsreise nach einer schlaflosen Nacht eröffnet hatte: »So eine Ehe ist nichts für mich. Das Beste ist, wir lassen uns wieder scheiden. Ich kann das alles nicht!«

Trotzdem haben sie ihre Ehe bis an sein Lebensende weitergeführt. Hätte er sich damals von meiner Mutter gleich wieder getrennt, wäre für ihn ein anderes, vielleicht passenderes Leben möglich gewesen. Aber so konsequent war er nicht. Er hat stattdessen mich und meine Schwester gezeugt. Woran man sieht, dass Inkonsequenz durchaus auch ihre Vorteile haben kann.

Klimaneutral
Druckprodukt
ClimatePartner.com/18652-2206-1001
Dieses Buch wurde klimaneutral produziert. Dadurch fördern wir anerkannte Nachhaltigkeitsprojekte auf der ganzen Welt. Erfahre mehr über die Projekte, die wir unterstützen, und begleite uns auf unserem Weg unter www.oetinger.de

MIX
Papier | Fördert gute Waldnutzung
FSC® C014496
FSC www.fsc.org

1. Auflage

Zum Schutz der Persönlichkeitsrechte
wurden einige Namen verändert.

Druck und Bindung: GGP Media GmbH,
Karl-Marx-Straße 24,
07381 Pößneck, Deutschland
Printed 2023
ISBN 978-3-7512-0327-2

www.erhard-dietl.de
www.oetinger.de